# 역사로 읽는 스포츠

# 역사로 읽는 스포츠

이학준 · 김영선 지음

북스힐

차 례

## 머리말

역사로 읽는 스포츠는 역사 속에 담겨 있는 스포츠의 뜻을 읽어내는 것이다. 다시 말해서 스포츠가 각 시대에 어떤 의미로 사용되었는가에 대한 이해에 대한 공부이다. 시대의 흐름에 따라서 스포츠의 의미는 다르게 사용되었다. 고대사회에서 스포츠는 신체기법으로서 생존기술의 습득이었다면, 현재 스포츠와는 그 의미가 많이 다르다.

체육과 스포츠의 개념에 대한 이해가 역사를 이해하는 데 우선적으로 필요하다. 사용하는 언어의 개념이 일치하지 않는다면 소통의 어려움이 있다. 체육은 교육이고 스포츠는 문화라는 인식이 요구된다. 체육은 계획적인 신체활동을 통한 교육이다. 반면에 스포츠는 문화현상으로서 신체활동과 경쟁, 규칙 그리고 즐거움을 수반한다.

스포츠문화사를 이해하기 위해서는 문화의 개념과 의미를 알아야 한다. 과연 문화란 무엇인가? 자연에 대한 대립되는 용어인가? 문화는 자연을 극복하려는 인간의 정신적인 활동으로 인한 객관적인 산물들까지 포함하는 것을 의미한다. 그 문화 중의 하나가 스포츠이다. 스포츠 역시 신체활동을 통해서 자연을 극복하려는 인간의 정신적인 활동이다.

21세기는 여가의 시대이며 스포츠의 시대이다. 주 5일 근무제로 인하여 노동시간이 단축되었고 의식 자체가 노동보다는 여가에 무게를 두는 생활양식으로 자리 잡았다. 문화로서의 스포츠에 대한 역사적 연구가 필요한 이유도 여기에 있다. 각 시대마다 스포츠가 어떻게 형성되고 어떤 역할을 하였는지를 알아보는 것은 앞으로 전개될 스포츠문화를 준비하는 길이다.

역사를 잘 이해하기 위한 전제조건은 역사가의 역사인식과 시대구분이다. 역사 기준에 따라서 역사가 구분되기 때문이다. 경제사를 위한 시대구분은 경제가 잣대가 되는 것처럼 스포츠문화사에서 시대구분의 잣대는 스포츠이다.

이 책은 전체 13장으로, 현대 스포츠에서 선사시대 스포츠까지 역으로 구성하였다. 지금 그리고 여기에서 역사의 눈으로 각 시대에 따른 의미를 찾아보았다. 모든 장에는 저자들의 생각이 잘 반영되어 있다. 끝으로 이 책이 출판되기까지 수고하신 북스힐의 조승식 사장님과 편집부에게 감사드린다.

2008년 2월
저자

# 제1장
## 체육공부와 신체지

우리가 산다는 것은 삶의 문법을 배우고 익히며 실천하는 일의 반복적 행위다. 일상에서 우리는 필요한 삶의 문법을 배워서 행위의 일부로 습관화하여 살아간다. 무엇인가를 배운다는 것은 일종의 지식을 습득하는 것이다. 지식이 일상생활과 동떨어질 때 죽은 지식이 된다. 적어도 산지식은 일상생활에서 바로 활용할 수 있는 지식이다. 그렇기 때문에 지식은 곧 행동으로 연계되어 나타나게 된다. 그 행동은 일종의 신체기법이라고 할 수 있는 신체지에 의해서 표출된다. 신체지는 몸으로 하는 공부를 통해서 형성된다. 이 때문에 몸은 자기 주도적으로 행위하게 된다. 시행착오와 경험으로서 학습된 행동유형과 자주적이며 주체적인 행동은 신체지에 대한 습득에 의하여 나타난다.

이 연구가 신체지에 주목하는 이유는 체육학문의 조건과 관련이 있기 때문이다. 연구대상과 연구방법 그리고 지식체는 학문의 조건이다. 이 가운데 지식체의 성격이 당 시대의 체육의 목적을 결정한다. 시대의 흐름에 따라 본질은 변하지 않지만 지식체는 약간의 차이를 드러내며 변화해 왔다. 따라서 지식체의 성격을 파악하는 것이 체육연구와 체육의 목적을 뚜렷하게 한다. 이 연구에서 관심을 집중하는 것은 바로 체육의 지식체이다. 체육의 지식체를 주관적이며 암묵적 지식으로 규정하고 이에 대한 신체지를 파악하려고 한다.

신체지는 선천적으로 가지고 태어나는 것이 아니라 후천적인 훈련과 교육을 통하여 습득되는 것이다. 교육은 다름 아닌 신체기법으로서의 신체지를 습득하는 것이다. 군대에서 행하는 전투기법으로서의 신체지는 체육에서 공부하는 신체지와는 다른, 훈련에서 통용되는 신체지에 가깝다. 기계적인 반복동작으로 신체의 기계화를 만든다. 이를 통하여 전쟁에서 극대화할 수 있는 전투능력을 배양한다. 그러나 체육은 바람직한 인간을 형성하는 것이 목적이라는 점에서 훈련과 차이가 있다. 또한 정신의 교육이라는 점에서도 체육은 훈련과는 다른 차이점을 갖는다. 훈련은 태도와 지식보다는 기능 습득에 중점을 두기 때문에 반복과 숙달을 통하여 기술을 능숙하게 한다.

체육은 계획적인 신체활동을 통한 인간교육이다(김종선 · 정청희, 1987; Bucher, 1975). 이 말이 함의하고 있는 뜻은 인간교육이라는 것과 무계획적인 행동은 체육이 아니라는 것이다. 훈련과 체육은 같은 신체활동을 매개로 진행되지만 분명이 다르다. 체육과 훈련의 차이를 극명하게 나타내는 한 가지 사례가 있다. 우리 주변에서 쉽게 볼 수 있는 어린이 대공원이나 동물원에서 물개, 침팬지, 코끼리 등의 연기를 볼 수 있다. 인간이 기대하는 묘기를 연기하기 위해서 동물은 일정 기간 훈련을 받는다. 이 훈련을 통하여 동물들은 인간들을 감탄하게 하는 묘기를 보여주게 된다. 훈련이 기능 향상에 초점을 둔다면 체육은 기능, 태도, 지식의 변화에 관심을 가진다. 훈련과 체육의 차이를 구별하기 위하여 다음의 글을 참조해보자.

19세기 말엽부터 체육의 개념이 '신체적 수양(體養)', 또는 '신체적 훈련(體練)'으로부터 '신체의 교육(體育)'의 개념으로 전환하게 된 것은 사람들의 인식의 변화를 반영하는 것이라고 볼 수 있다. 왜냐하면, 이때부터 '훈련'과 '교육', '훈련받은 사람'과 '교육받은 사람' 간에 '개념적 구별'이 시작되었기 때문이다. 교육받은 사람의 개념을 한 개인의 지적, 도덕적, 신체적 측면의 전면적 발달을 상징하는 것으로 간주한 이들은, 마음속의 지, 덕, 체가 일체된 전인의 이상을 지니고 일하는 것과 이 가운데 어느 한 측면만의 집중적 단련을 의미하는 '훈련'이라는, 보다 제한된 목표를 지니고 일하는 것을 명확하게 구분하였다(최의창, 1997: 106).

이처럼 체육과 훈련은 일정부분 의미의 차이를 갖는다. 하지만 훈련이라는 의미에는 연습이라는 의미가 내포되어 있기 때문에 유의해서 사용해야 한다. 훈련은 신체에 가한 부하를 극복하는 과정이라고 정의할 수 있다. 반면에 연습이라는 것은 어떤 동작이나 기술을 반복적으로 실행하는 것을 의미한다. 훈련이라는 뜻에는 이미 반복이라는 연습의 의미가 들어 있다. 훈련과 연습은 개념상으로는 엄격히 구분되지만 신체단련이라는 유사성을 가지고 있다.

신체기법은 일종의 신체 활동적 지식이며 신체지이다. 신체기법은 시대의 요구에 따라서 변모해 왔다. 그렇다면 지금 추구하는 신체기법은 과거의 기법과는 차이를 가질 것이다. 그래서 생존기법, 전투기법, 지배와 저항기법에서 벗어나서 행복기법으로서의 체육을 지향해야 함에 대하여 알아본다. 이런 맥락에서 이 연구의 목적은, 체육에서 연구하고 배우고 있는 신체기법으로서의 신체지에 대하여 시대별 특징을 살펴보고, 현재와 미래의 체육공부가 지향해야 할 신체지에 대하여 알아보는 데 있다.

이 연구는 문헌분석의 방법을 사용했다. 신체지, 신체기법, 신체활동적 지식, 체육적 앎, 암묵적 지식, 개인적 지식 등과 같은 의미를 가진 유사한 용어를 사용한 문헌자료를 수집하여 각 시대를 대표하는 신체지를 범주화하고, 이를 토대로 하여 미래의 신체지에 대하여 추론했다. 특히 체육학 연구에서 사용된 관련용어를 수집하고 분석하여 시대별 특징을 범주화하여 생존기법, 전투기법, 저항과 지배기법, 행복기법으로서의 신체지로 한정했다.

## 체육공부와 신체지 • • •

체육과 체육공부는 구별된다. 체육은 계획적인 신체활동을 통한 인간교육이고, 체육공부는 반성적 성찰과 인간존엄성의 체육에 대한 공부를 말한다. 공부론은 공부 체험에 대한 반성의 결실이지만, 공부 체험은 이런 저런 개인들의 사실적 체험들이 아니라 모종의 이상적 인간, 목적으로서의 인간이 성립하는 데 요구되는 조건으로서의 체험이고 그런 점에서 그것은 구성된 체험이다. 따라서 공부 체험에 대한 반성이라고 할 수 있다. 따라서 공부론은 인간을 반성의 자료로 하여 인간 형성의 조건을 철학적으로 탐구하는 것이다(유석권, 2007: 277). 즉, 인간을 자료로 한 반성 작업의 결실이라고 할 수 있다. 이런 맥락에서 저자는 체육에서 반성적 성찰이라는 것을 강조하기 위하여 기존의 체육연구 혹은 체육과학이라는 말과 차이를 두기 위하여 체육공부라고 표현한다.

신체지는 개인적인 지식에 해당한다. 특히 플라니는 언어로 표현되지 않는 개인적인 지식이 모든 지식의 지배적인 원리일지도 모른다고 주장하고 있다. "언어로 표현하지 않고 아는 것은 각자가 스스로 행하고 있는 것으로, 그것은 명확한 지식이 갖는 공적, 객관적 성격을 갖지 않는다." 명확하고도 과학적인 모든 지식은 과학자가 제공한 일련의 경험 속에서 개인으로서 어떻게 현실을 선별하여 관찰하였는가에 근거하여 그 사실을 발견한 것처럼, 언어로 표현되지 않는 개인적인 지식의 토대에 그 근거가 있다고 그는 주장한다(Polanyi, 1985).

지식은 인간 주체가 객체(세계)를 대상으로 인식과정을 통해서 얻게 되는 것이다. 지식은 명제적 지식과 실천적 지식이 있다. 구체적으로 지식은 전반성적 지식과 객관적, 분석적, 명시적 지식, 그리고 주관적, 개인적, 암묵적 지식으로 구분된다(Kenyon, 1968; Ross, 1981; Carolyn, 1983). 전반성적 지식은 기본적으로 반성적 사고 없이 정보를 제공한다. 신체 자체가 지식의 원천이 된다. 예를 들어, 뜨거운 물이 피부에 떨어질 때 몸은 즉각적으로 인지하고 행동한다. 이때의 지식은 반성과정 없이 일어나기 때문에 전반성적 지식이라고 한다.

객관적, 분석적, 명시적 지식은 관찰과 실험을 통해서 객관적이고 가치중립적인 여러 사실과 상호관계를 통해서 얻게 된다. 원인과 결과를 밝히기 위해서 분석적이고 합리적인 방법을 사용하여 얻어진 결과에 의해서 형성된다. 과학적 지식은 객관적 지식에 해당된다. 지식을 개념화하고 전달되기 쉽게 구체적이면서도 용이한 것으로 만든다. 하지만 관찰만을 가지고 개인의 체험을 이해할 수 없다는 한계를 가진다. 그렇기 때문에 다른 측면의 지식이 요구된다(함정혜, 1991; Carolyn, 1983).

주관적, 개인적, 암묵적 지식은 객관적인 지식이 갖는 한계를 보완할 수 있는 지식의 한 분류에 해당한다. 개인적인 체험을 통해서 알게 되는 지식을 말할 수는 없지만 몸으로 재현해 낼 수 있다는 특성을 갖는다. 다분히 주관적이며 개인적 지식에 해당하지만 이 지식을 객관적이지 못하다고 무시할 수 없는 것은 실제 생활에서도 활용되고 있으며 존재한다는 사실 때문이다.

이러한 지식들은 체육이나 스포츠에서 모두 나타난다. 하지만 이

연구에서 밝히고자 하는 것은 주관적이며 개인적, 암묵적 지식에 해당한다. 특히 체육이 추구하는 지식은 일종의 身體知라고 할 수 있다. 신체지는 몸을 통하여 배우기 때문에 쉽게 잊어버리지 않는 특성이 있기 때문에 지속적으로 일상생활에서 활용할 수 있다. 머리로 배운 것은 오랜 시간이 지나면 자연스럽게 망각된다. 하지만 몸으로 공부한 것은 오랫동안 망각되지 않고 직접 신체활동으로 나타난다. 그렇기 때문에 한 번 잘 배워두면 평생 동안 신체지를 활용할 수 있다. 예를 들어 자전거를 타는 방법, 운전하는 방법 등은 쉽게 망각되지 않고 오랫동안 기억된다. 이렇게 몸으로 배운 지식은 머리로 배운 지식과는 분명히 차이를 드러낸다. 하지만 자전거와 자동차 운전에서 요구되는 신체기법으로서의 신체지는 체육에서 추구하는 신체지와는 차이가 있다.

신체기법은 여러 가지 용어로 사용되고 있다. 예를 들어 신체지, (이황규 · 송일훈, 2005; 곽낙현 · 송일훈, 2006; 이진수, 2004; 송일훈, 2004), 신체 활동적 지식(유정애, 2003; Aspin, 1976), 체육적 앎(정응근, 1994; 오정석, 1994; 김달우 · 오정석, 1994; 김홍식, 1994; Gim, 1989), 전통적 앎(최의창, 2006), 암묵적 지식(진윤수 외, 2005; 김성배, 2002; 김경신, 1996; Oakesshott, 1991), 개인적 지식(표재명 역, 2001; Polanyi, 1959, 1964, 1967, 1975, 1985; Carolyn, 1983) 등 다양한 용어로 사용되고 있다. 이들이 사용하고 있는 용어에서 공통점을 찾는다면 신체지라는 용어로 축약할 수 있다. 따라서 이 연구에서는 모든 것을 통합하여 신체지라는 용어로 제한하여 사용한다.

## 신체지의 역사 • • •

체육학에서 추구하는 신체지는 시대에 따라서 변화를 거듭하여 왔다. 물론 학으로서 체육이 성립하기 이전부터 지금까지 변화는 지속되고 있다. 이를 규명하기 위하여 시대 구분은 선사, 고대와 중세, 근대, 현대와 미래로 구분하여 신체지의 특성을 알아본다.

### 1. 선사: 생존기법으로서의 신체지

선사시대는 역사를 기록하기 이전의 시대를 의미한다. 보통 미개사회 혹은 원시시대의 사회라고 규정하기도 한다. 이 시기의 사람들은 사느냐 혹은 죽느냐 하는 생존의 한가운데 있었다. 하지만 지금보다 생존을 위한 노동시간은 짧았다. 이들이 생존활동을 위해 투자한 시간은 보통 3~4시간 정도이다. 어떻게 보면 지금보다 더 여가시간을 많이 가지고 있었다고 볼 수 있다. 이 여가시간에 주로 행했던 신체활동은 생존기법으로서의 신체지에 대한 습득이었다. 오락과 기분전환을 위한 사냥이나 낚시가 아니라 생존을 위한 시간이었다(한왕택, 2007; 이제홍 · 여인성, 2006; 김방출 역, 2006; 노희덕, 1999; 김동규, 1999; 成田十次郎, 1988; Mandell, 1984).

원시사회의 거친 환경에서 살아남기 위해서는 신체적 조건이 잘 갖추어져야 했다. 원시인들의 생활이 이루어진 조건은 엄격한 생존의 경쟁에서 이루어졌는데 강건한 신체가 거의 유일한 수단이었던 것이다. 개인은 물론 집단의 생존을 위해서도 신체의 발달이 중요하게 받아들여졌다. 원시사회에서는 직업이 세분화되지 않은 관계로 전문적인 교육자가 등장하지는 못하였다. 그러나 후기 원시사회에서는 사제나 부족의 지도자의 등장과 함께 교육을 담당하는 역할이 나타나 전보다 높은 수준의 교육이 가능해졌다(노희덕, 1999: 20).

선사시대의 인간은 자연의 다른 동물들로부터의 적자생존의 위험 속에서 살아갈 수밖에 없었다. 이 때문에 생존방법이 그들에게는 우선적으로 요구되었다. 생존하기 위해서 필요한 것은 달리고, 뛰기, 던지고, 쏘는 등의 신체기법이었다. 사냥을 위해서 필요한 생존기법으로서의 신체지는 이 시대에 절실한 지식이었다. 선사시대의 체육 혹은 신체활동, 스포츠라고 할 수 있는 것은 생존을 위한 사냥기술을 습득하는 것 자체가 몸으로 배우는 공부의 전부였다. 오늘날의 관점에서 볼 때 그 당시의 신체지는 단순한 기능습득의 차원에서 해석될 수 있다. 이 점에서 지금  학교체육에서 배우고 있는 신체지와는 다르다. 왜냐하면 태도와 지식을 포함하고 있지 않기 때문이다.

생존기법으로서의 체육공부는 선사시대의 인간들에게 유일한 여가이며 생존기법의 습득 시간이었다. 이때 생존기법을 습득하기 위하여 흉내 내기, 달리기, 던지기, 뜀뛰기, 기어오르기, 수영 등 기본적인 신체활동이 행해졌다. 이러한 것들은 신체적 지식의 성격이 다분한 기능습득을 위주로 구성되어 있음을 알 수 있다. 특별히 교육시킬 교사가 존재하지 않았다. 이때는 체육공부가 추구해야 할 지식으로서 생존기법에는 신체활동에 관한 태도와 지식이 개입되지 않은 초보적인 단계라고 평가할 수 있다. 어떻게 하면 사냥을 잘 할 수 있는가에 대한 방법은 반복적인 연습만을 통해서 해결할 수 있었기 때문에 생존기법을 습득하기 위한 체육이 행해졌다고 볼 수 있다.

이상과 같이 선사시대의 체육은 생존기법으로의 신체지의 습득이었다. 생존하기 위하여 사냥하는 법, 창던지는 법, 낚시하는 법, 이 모든 것은 생존과 직결된 지식이었다. 머리로 배우는 것에 앞서 몸으로 배우는 공부였다. 배우지 않으면 생존할 수 없기 때문에 태어나면서 성인이 되기 위해서 생존기법으로서의 신체지의 습득의 시간이 필요했다.

### 2. 고대와 중세: 전투기법으로서의 신체지

인간들은 유목형태의 삶에서 한곳에 정착하는 농경생활을 하게 되었다. 농사를 짓는 부족국가가 형성되면서 먹을거리를 해결하는 생존의 단계에서 벗어나게 되었다. 특히 동물들의 위협에서 벗어날 수 있게 된 것은 불을 이용하여 도구를 제작하고 사용할 수 있게 되었기 때문이다. 사람들이 늘어나고 한 무리에서 다른 무리와 결합하여 부족을 형성하고 여러 부족이 모여서 국가를 형성하게 되었다. 그 부족국가가 유지되기 위해서는 먹을거리를 생산할 수 있는 토지를 보유해야 한다. 이러한 지리적 여건 때문에 인접 부족국가들과의 마찰과 갈등이 생겨나게 되었다(한왕택, 2007; 이제홍 · 여인성, 2006; 김방출 역, 2006; 노희덕, 1999; 김동규, 1999; 成田十次郎, 1988; Mandell, 1984).

약육강식의 논리에 따라 강한 부족이 약한 부족을 약탈하고 노예로 삼았다. 이처럼 부족국가에서는 다른 부족국가와의 분쟁과 대립 그리고 약탈이 빈번하게 발생하게 되었다. 동물로부터의 침입에서 이제는 인간들의 침입으로 같은 부족을 보호해야 하는 것으로 성격이 변화되었다. 그래서 전쟁에서 승리하기 위해서, 싸우는 방법을 잘 훈련할 수 있는 전투기법이 필요했다. 효율적으로 적을 죽일 수 있는 방법의 습득이 일차적으로 요구되었다. 즉, 상대방을 쉽게 제압하고 죽일 수 있는 살인기법이 필요하게 된 것이다. 식량을 확보하기 위함보다는 식량을 보존하고 자기 영토를 지키기 위한 신체지가 필요했다. 이해를 돕기 위해 로마의 예를 들어 전투기법으로서의 신체지에 대하여 알아보자.

오랜 기간 동안 대제국을 건설하는 과정을 겪은 전기 로마의 체육은 강건한 신체, 전투에서의 용맹성, 그리고 민첩한 행동이라는 군사적 측면에 절대적인 목적을 두었다. 그래서 신체의 균형된 조화와 우아함, 그리고 자발적 참여 등과 같은 그리스 인들의 체육이상을 제대로 이해하지 못하였다. 다시 말해 그리스 인들의 추상적인 체육활동에 비해 로마 인들은 실제적이고 실용적인 체육활동을 추구한 것이다(노희덕, 1999: 77).

앞의 글에서 알 수 있는 것은 후기 로마시대에는 실용적인 체육활동을 추구하였다는 사실이다. 동아시아의 중국, 한국, 일본은 무술이라고 하는 맨손타격무술이 발전하게 되었다. 전쟁무기가 발달하지 못한 상태에서 전쟁이 발생하면 상대와의 육박전에서 살아남을 수 있는 방법은 맨손타격기술을 습득하는 것 이외에 방법이 없다. 이러한 시대적 특성 때문에 동아시아에서는 특히 맨손무술이 발전하게 되었다. 무술은 몸으로 체득한 전투기법으로서의 신체지라고 할 수 있다. 맨손무술이 발전할 수 있었던 것은 이러한 인식 때문이다. 이후에 신체지는 다양한 무술 형태로 진화와 변용이 되었다. 지금은 그 성격이 다르게 변화했지만, 당시 무술의 존재 이유는 싸움에서 승리하는 비법이었다.

중세 귀족은 넓은 의미에서 일반 기사와 더불어 전쟁을 치르는 전사였다. 그리하여 이들은 소정의 귀족 수련과정을 통하여 귀족집단으로서의 도덕과 예의범절을 갖추는 행동규범의 통일을 가지게 되었다. 이것을 일반적으로 기사도라 부른다. 그들의 주된 임무는 싸움이었고 가장 중요한 것은 전쟁에서의 승리였으며 용맹과 충성이 제일의 덕목이었다. 기사계급은 이전의 지배계층에 비해 보다 많은 시간을 신체활동에 투자하게 되었다. 이는 그들의 주 임무가 군사적 활동에 종사하는 것이므로 신체활동의 기회가 자연스럽게 늘어났을 뿐만 아니라 자신들의 특권을 전문적인 스포츠 활동이나 레크리에이션을 통해 확인하려 했기 때문이기도 하다(노희덕, 1999; 김동규, 1999; 成田十次郎, 1988; Mandell, 1984). 중세에 체육활동에 참가할 수 있는 계급은 귀족과 기사계급이었다. 이들은 체육을 통하여 싸움에서 이기는 방법을 훈련하였다. 말을 타고 창으로 하는 시합인 토너먼트와 주스트를 통하여 싸움기법과 전투기법으로서의 신체지를 연마하였다.

이상과 같이 고대와 중세에는 부족국가가 형성되고 전쟁이라는 것을 하게 되었다. 다른 동물들로부터 공격을 피하고, 생존을 위한 신체기법에서 벗어나 같은 인접 지역의 다른 부족과의 싸움에서 승리하기 위한 전투기법으로서의 신체지에 대한 습득이 요구되었다. 고대와 중세는 부족국가 형태에서 주위의 적으로부터 자기 부족을 지키기 위해서 전투기법이 필요했다. 전쟁에서 승리하기 위해서 전투기법으로서의 신체지를 체득하기 위한 체육이 행하여 졌음을 알 수 있다. 중세는 기사계급이 대표적인 전사로서 전투기법을 위한 마상창 경기 등을 훈련했다.

### 3. 근대: 저항과 지배기법으로서의 신체지

동양에서는 맨손타격무술과 병장기를 사용한 무술이 등장하였고, 서양에서는 칼이 등장하고 화약을 수입하여 총기 사용법이 발달하였다. 근대에 들어와서 서양 제국주의 국가들은 아시아와 아프리카 국가를 상대로 식민지를 건설하고 지배하게 되었다. 이 시기에 제국주의 국가들은 식민지 국가를 좀더 효율적으로 지배하기 위한 방안으로 지배기법으로서의 신체지를 사용하였다. 대표적인 예가 영국이 인도를 식민지화하면서 축구를 보급하여 순응하는 신체를 형성하게 하였다. 한편 이에 맞서 식민지 사람들은 저항, 독립기법으로서의 신체지를 활용하게 되었다.

서양의 제국주의 국가들은 총과 화약 등을 이용한 근대식 무기를 사용하여 아시아와 아프리카를 지배하였다. 한국은 다른 나라와는 다르게 이웃한 일본의 지배를 받게 된다. 일본은 식민지 지배 정책의 일환으로 정신적인 측면에서 식민지 사관을 주입하고 신체적인 측면에서 병식체조를 보급하게 된다. 체조는 순종하는 신체, 즉 식민지 인간을 규율하는 데 효과적이기 때문이었다. 체조교육에서 신체지배를 통해 식민지 건설을 하려는 일본의 의도를 엿볼 수 있다. 그래서 스포츠보다는 규율과 엄격성을 강조하는 병식체조와 황국신민화 체조가 보급되었다.

일본이 식민지 조선에서 체조를 장려하고, 보급하였던 이유는 식민지 지배에 필요한 사고방식, 가치관을 내면화하여 스스로 따르고 행동할 수 있는 '충량한 신민' 의 '순종하는 신체형성' 에 그 목적이 있었기 때문에 일본인 관리와 교사들은 체조교육에 있어서 '바른 자세' 와 '규율 훈련' 을 특히 중시하였다(유근직, 1999: 26).

지배와 저항이라는 것은 서로 대치되는 개념이다. 일본은 지배를 강화하기 위한 방법으로서 체조를 보급시키고 식민지교육을 강화했다. 반면에 식민지의 조선인들은 저항의 표현으로 신체활동을 역으로 이용하였다. 당시 엄복동의 자전거 경주나 안창남의 비행기 등의 경기에서 일본인과의 대결에서 반드시 승리한다는 의지가 잘 나타나고 있었다. 지배기법이 강하게 작용하는 체조보다는 스포츠에서 저항의 표현으로서 민족주의 체육의 성격으로 변화되는 것을 확인할 수 있다. 독립과 저항의 표현으로서 식민지의 조선인들은 자신들의 울분을 해결하고 강한 독립의지를 보여주었다. 손기정과 남승룡 선수는 마라톤을 통해서 저항의지를 강화시켰다. 엄복동이 자전거를 일본인보다 빠르게 탈 수 있었던 이유 또한 민족의 저항의지의 표현이었다.

일본의 지배에 저항할 수 없었던 당시의 사람들에게는 공식적인 저항방법은 운동경기였다. 물론 무력저항이나 독립운동과 같은 저항방법이 있었지만 무력적 저항이 아닌 것은 운동경기였다. 저항기법으로서 신체지를 통해서 일본을 상대로한 운동경기에서 승리하는 길뿐이었다. 이러한 저항의 표현으로서 일본을 상대로 한 경기에서는 반드시 이겨야 한다는 강박관념이 지금까지 작용하고 있다. 그것은 저항기법으로서 신체적 지식이 청산되지 않고 아직까지 유효한 이유라고 할 수 있다.

근대의 독일, 스웨덴, 덴마크 등의 체조는 기계체조와 율동체조, 미용체조, 의료체조 등으로 약간의 차이점을 가지고 있다(한왕택, 2007; 이제홍 · 여인성, 2006; 김방출 역, 2006; 노희덕, 1999; 김동규, 1999; 成田十次郎, 1988; Mandell, 1984). 형식에서는 약간의 차이를 보이고 있지만 궁극적으로 국가주의 이상을 실현하기 위한 목적을 가진다는 점에서 같다고 할 수 있다. 이들 나라의 체조에서 엿볼 수 있는 유사성은 국가주의 성격과 군사훈련의 방법으로 체조를 이용하였다는 점이다. 강인한 체력과 국방력 강화라는 측면에서도 유사점을 발견할 수 있는데 이는 지배기법으로서의 신체지의 형태의 모습을 보여준다고 할 수 있다.

이상과 같이 체육에서 추구하고 있는 신체지의 시대별 차이를 알아보았다. 시대의 흐름에 따라 체육이 추구하는 신체지의 특성이 변해왔다는 기존의 생각을 다시 확인할 수 있었다. 역사 속에 체육이 있기 때문에 역사를 떠난 체육은 상상하기 어렵다. 역사의 흐름에 따른 이전의 신체지의 특성은 생존기법, 전투기법, 지배와 저항기법으로서의 신체지의 성격을 가지고 있었다. 이러한 신체기법으로서의 신체지에 대한 습득은 기능습득이라는 차원에서 해석된다. 공부론 일반의 입장에서 보면, 생존기법과 전투기법, 지배와 저항기법은 공부이기보다는 훈련이라고 할 수 있다. 따라서 앞에서 제시한 기법들은 체육공부라고 보기 어렵다는 결론에 도달한다. 하지만 전체적 논의를 진행시키기 위해서 체육공부라는 용어를 한정적으로 사용하였다.

저항기법으로서 체육은 기능과 태도라는 측면이 복합적으로 연결되어 있다. 하지만 현재의 체육은 기능과 태도, 지식, 모두를 추구한다는 점에서 과거의 체육이 추구했던 지식과는 다르다. 어떻게 보면 과거에 행해졌던 신체기법으로서의 신체지의 습득은 체육이라기보다는 훈련에 가까운 모습을 보여주고 있다. 물론 전투기법으로서 체육에 비유될 수 있는 무예는 교육으로서의 성격을 가지고 있음을 부인하지 못한다. 하지만 전체적인 관점에서 교육보다는 훈련에 무게를 두었다는 것을 알 수 있다. 이하에서, 훈련보다는 교육이라고 할 수 있는 체육공부가 추구하는 현대와 미래의 신체지라고 할 수 있는 행복기법으로서의 신체지에 대하여 알아본다.

### 4. 현재와 미래: 행복기법으로서의 신체지

현대와 다가오는 미래의 사람들은 행복한 삶을 꿈꾼다. 꿈의 실현을 위해서 우리는 적당한 운동과 규칙적이고 균형 잡힌 식사를 해야 한다. 몸에 좋은 음식, 몸에 좋은 운동 등 건강한 삶과 행복한 삶을 위해 다양한 노력들이 유행처럼 번져 나가고 있다. 어떻게 보면 체육의 위상이 과거 어느 특정 시기보다 격상된 것처럼 보인다. 아니 이처럼 체육의 황금기라고 할 수 있는 시기도 없었을 것이다. 하지만 보여지지 않는 측면에서 보면 현상만 화려하고 실제는 왜곡되어 나타나기 때문이다. 행복한 삶이기보다는 유행이라는 허상만을 쫓고 있다고 하겠다.

그렇다면 사람들이 말하는 행복한 삶은 과연 어떠한 삶인가? 이 물음에 대하여 동서고금의 많은 학자들이 주장하였지만 이 글에서는 아리스토텔레스가 주장하는 행복의 개념으로서 자아실현에 중점을 두었다. 자아를 실현하는 것은 질료를 형상화하는 것이다(이창우 외 역, 2006). 자아의 실현은 거창한 것처럼 들리지만 일상의 작은 일에서도 발견된다. 자신의 끼라고 할 수 있는 잠재력을 실현하는 데에서 자아의 실현이라는 기쁨을 얻을 수 있다. 일상 속에 다양한 공간이 있지만 그 중에서 자아실현의 장으로서 체육을 들 수 있다. 새로운 동작, 새로운 자세를 연마하는 과정에서 자신의 욕구를 실현하는 성취감을 경험하게 된다. 그때 얻을 수 있는 것이 자아실현으로서의 행복이다(Seiji, 1984; Herrigel, 1971). 자아실현으로서의 행복을 체육에서 실현하기 위해서는 행복기법이라고 할 수 있는 신체지에 대한 습득이 일차적으로 요구된다.

이 신체지는 과거에 추구했던 것과는 다르다. 생존, 전투, 저항과 지배의 기법으로서의 체육의 모습은 이제 어디에서도 찾아보기 어렵다. 전쟁보다는 지속적 성장을 모색하기 위한 경제활동에 관심이 집중되고 있기 때문이다. 다양한 가치를 지향하는 사회 분위기에서 자유로운 상태로 그냥 몸이 원하는 대로 할 수 있는 신체기법이 요구되는 사회로 급속하게 변했기 때문이다. 우리는 주 5일 근무제로 많은 여가 시간을 가지게 되었다. 때문에 그 많은 시간을 어떻게 사용해야 하는지의 고민이 생겨났다. 여가혁명이 도래한 것이다. 자신의 몸이 요구하는 신체활동과 행복을 추구하는 신체기법으로서 체육을 활용한다면, 생동감을 확인하고 무미건조한 일상에서 삶의 욕구를 충족시킬 수 있을 것이다.

근린 체육시설에서 가족들이 함께 수영을 하고 한강 둔치에서 가족들이 모여 인라인 스케이트를 타는 것은 행복한 삶을 위한 소중한 시간이다. 가족 간의 대화의 단절에서 벗어나 함께 공유할 수 있는 운동을 한다는 것은 좋은 현상이다. 그러나 체육은 저절로 행하여 얻어질 수 있는 것이 아니다. 우선은 배워야 하는데 그 배움은 바로 행복기법을 배우는 것이다. 우리가 자동차 운전을 배우면 평생 편리한 생활을 할 수 있는 것처럼, 운동도 행복기법을 배우게 된다면 몸은 망각하지 않고 지속적으로 행복한 삶을 위하여 활용할 수 있다.

편리함과 안락함만을 추구하는 현대의 생활양식은 신체활동의 축소를 가져왔다. 자동차의 편리함과 기계적이고 획일화된 생활이 인간의 움직임을 줄여왔다. 그 결과 신체활동이 부족하게 되어 현대병이라고 하는 성인병이 생겨났다. 부족한 운동을 충족시키기 위하여 인위적인 운동이 늘어나고 있다. 이는 즐거움과 기분전환을 위한 운동의 본래 의미에서 벗어나 건강을 위해 힘겨운 숙제로서 운동을 해야 한다는 강박관념에 의해서 행하는 운동으로 변모하였다. 그리고 운동부족에서 발생하는 성인병은 잘못된 생활습관에서 나타나는 일종의 생활 습관병이다. 이 질병에서 벗어나기 위해서는 규칙적인 운동과 균형 잡힌 식사가 필요하다. 단지 건강하게 살기 위해서 운동을 하는 것보다는 재미있게 운동을 하는 것이 필요하다. 그렇게 되면 건강은 자연스럽게 따라오는 것이다. 즐겁게 움직일 수 있다면 그보다 더 좋은 것은 없다. 성인병의 예방도 되고 즐거운 삶도 영위할 수 있기 때문이다.

지속적인 운동이 인간의 질병예방에 도움이 된다는 연구들이 있다(김성수 외, 2007). 질병을 예방할 수 있다는 것은 가정 경제비의 절감을 가져올 수 있다는 것을 말한다. 이 때문에 활기찬 가족생활을 유지할 수 있게 된다. 그래서 행복기법을 얻기 위해서는 어느 정도의 투자가 요구된다. 그 투자는 행복한 삶을 위하여 필요한 신체적 측면에 사용된다. 그 사용처가 바로 행복기법으로서의 신체지에 대한 체육공부이다. 여기서 행복기법은 행복을 추구하는 신체기법의 총체라고 할 수 있다. 그 중에 하나가 스포츠이다. 스포츠는 기능뿐만 아니라 태도와 지식을 할 줄 알아야 더욱더 즐길 수 있다. 기능만을 습득하는 것은 일시적인 즐거움을 얻을 수 있지만 지속적인 즐거움을 얻는 데는 한계가 있다. 새로운 운동, 자신의 기호에 맞는 운동을 찾아서 배우기 시작한다면 행복한 삶을 영위할 수 있다.

## 역사로 읽는 신체지 • • •

훈련과 체육의 차이에 대한 논의를 시작으로 체육은 훈련과 다르다는 것을 알아보았다. 훈련은 단순한 기능습득의 차원에서 볼 수 있고, 체육은 교육이기 때문에 기능습득만이 아니라 태도와 지식을 병행하여 배운다. 우리가 하고 있는 체육공부를 잘 이해하기 위해서는 공부의 대상인 지식의 성격을 이해하는 것이 중요하다. 체육공부의 지식은 주지과목에서 추구하는 지식과는 다른 생생한 지식을 추구하는 신체지이다. 이러한 차원에서 저자는 신체기법으로서의 신체지에 대하여 주목하게 되었다. 이 연구의 목적인 신체지는 어떻게 변화되어 왔는가? 그리고 우리가 추구해야 할 신체지는 무엇인가에 대하여 알아보았다. 그 연구결과는 다음과 같다.

첫째, 신체지는 어떻게 변화되어 왔는가? 지금까지 인류는 생존기법과 전투기법 그리고 저항과 지배기법으로서의 신체지를 체득하여 왔다. 이 모든 기법은 훈련에 가깝지만 '신체의 교육' 이라는 측면에서 체육이라고 할 수 있다. 하지만 신체의 교육만으로 교육 일반으로 볼 수 있는 보편성을 얻기는 어렵다. 심신이원론의 사유에서 비롯된 신체의 교육은 훈련과 큰 차이가 없다는 비판을 받는다. 그렇기 때문에 교육으로서의 체육은 신체를 통한 체육이라는 개념이 요구된다. 따라서 체육에 대한 공부는 기능만을 습득하는 것이 아니라 지식과 태도에 대한 공부가 함께 요구된다. 하지만 지금의 체육은 기능과 지식에만 편중되어 있고, 삶의 지혜라고 할 수 있는 인격공부에는 별 관심을 보이지 않고 있다는 점에서 반쪽 공부라고 할 수 있다.

체육공부가 제자리를 찾기 위해서는 시대의 요구를 경청해야 한다. 이제는 모든 사람들이 웰빙이라는 참살이, 좋은 삶을 지향하고 있다. 이 말은 행복한 삶에 초점을 맞춘다는 말이다. 행복한 삶을 위한 조건으로 행복기법으로서의 신체지에 대한 체육공부의 시대가 도래했다는 것을 알 수 있다. 체육공부의 시작은 행복기법으로서의 신체지를 몸으로 배우는 공부에서 시작된다. 행복기법으로서의 신체지에 대한 체육공부는 기능의 습득만이 아니라 태도와 지식을 포함하는 종합적인 지식에 대한 공부이다. 과거의 신체지에 비해 통합적으로 진화된 신체지에 대한 공부라고 할 수 있다. 이러한 공부는 "자기를 위한 것이며, 남에게 보여주기 위하여 하는 것이 아니다." (『論語』 憲問 제14: 子曰, 古之學子, 爲己, 今之學者, 爲人). 이 말은 기능의 탁월성 위주의 공부, 기록과 체력을 보여주기 위한 공부가 아니라 자신의 인격을 형성하는 사람됨의 공부가 되어야 함을 의미한다.

순자는 勸學에서 "옛날에 학문을 하는 사람은 자기수양을 위해서 하였는데 오늘날에 학문을 하는 사람은 남에게 알려지기 위해서 하고 있다."(古之學者爲已, 今之學者爲人, 君子之學也, 以美其身, 小人之學也, 以爲禽獸)라고 말한다. 군자의 학문은 자신을 향상시키지만, 소인의 학문은 다만 짐승이 될 뿐이다. 자신의 향상이란 결국 人倫이 지극한 인간, 즉 이상적인 인격자에 이르는 길이므로, 학문은 성인에 이르는 길이라는 말이다. 체육공부가 필요한 이유가 여기에 있다. 현재의 체육은 보여주기 위한 성과에 기울어져 있어 반성적 성찰이 부족하다. 기능 위주의 지식공부는 인격공부에 대한 배려를 하지 못하고 있다. 그래서 체육과학이 아니라 체육공부가 요구되는 것이다.

둘째, 우리가 추구해야 할 신체지는 무엇인가? 우리 시대를 지배하는 것은 자본이다. 자본은 경제적 자본만이 아니라 문화자본, 사회관계 자본 그리고 상징자본 등 다양한 형태의 자본 등이 있다(최종철 역, 1995). 특히 문화자본으로서 신체자본은 바로 행복기법으로서의 신체지에 대한 공부를 통하여 체득된다. 여기서 행복기법은 행복을 추구하는 신체기법을 지칭한다. 몸으로 배운 것은 쉽게 잊혀지지 않는 특징을 고려한다면, 한 번 배워 놓은 행복기법으로서의 신체지는 일종의 문화자본이 된다. 수영을 배우고, 스키를 배우고, 골프를 배우는 것은 신체자본을 축적하는 일에 다름이 아니다. 하지만 우리가 경계해야 할 것은 이러한 종목들에서 기능만을 배운다면 그것은 공부이기보다는 훈련에 가깝다. 물개가 쇼를 보여주기 위해 훈련하는 것과 다르지 않다. 공부가 되기 위해서는 태도와 지식에 대한 공부, 반성적 성찰에 대한 공부를 병행해야만 한다.

행복기법 역시 신체기법의 차원에서 기능만을 강조하고 있기 때문에 생존기법과 별반 다르지 않다는 비판을 받을 수 있다. 차이를 가질 수 있는 것은 지식과 태도에 대한 공부가 따라 주어야 한다는 점에서 양자를 구별할 수 있다. 지식, 태도, 기능을 모두 공부할 수 있는 방법을 찾는다면 운동기능의 습득과 병행하는 반성적 차원의 글쓰기에서 찾을 수 있다. 현실에서 실천할 수 있는 방법은 운동을 하면서 쓰게 되는 개인 차원의 운동일지이다. 제대로 된 반성적 글쓰기에 의한 운동일지를 통해서 태도와 지식을 습득할 수 있다. 이 외에도 행복기법과 생존기법과의 차이는 심적 상태, 즉 마음가짐에 따라서 차이를 둘 수 있다. 행복기법은 즐거운 마음과 행복한 마음이 요구된다. 자신을 찾아가는 공부와 정신세계를 확장하는 체육공부는 훈련과 체육과학과는 차이를 가진다. 한번 배운 것은 사라지지 않고 지속적으로 활용할 수 있다는 점은 체육공부가 다른 공부와의 차이점이다.

# 제2장

## 체육의 전문성의 현재와 미래

체육학의 학문성과 정체성에 관한 연구는 1960년대 이후 지속적인 관심과 논의 속에 진행되어 왔다. 하지만 체육학의 전문성에 관한 논의는 학문성에 비하여 상대적으로 부족했다. 체육학은 학문성과 전문성으로 구성되어 있기 때문에 전문성에 대한 연구는 다른 학문과 구별 지을 수 있는 체육학의 독자성과 이 분야의 전문가를 양성하는 데 중요한 부분에 해당한다. 체육학의 학문성을 논의하기 위해서는 시대적 흐름에 따라 변화되어 온 체육학 관련 자격증 제도에 초점을 맞출 필요가 있다.

현재 신자유주의의 시장논리가 대학의 학과의 지형도를 재편하고 있다. 여기에 출산인구의 격감으로 인해 지역대학의 학생수급에 어려움이 있다. 지방대학 가운데 이미 학생 수급의 어려움에 직면한 학과들은 단지 학생들이 없다는 이유만으로 폐과되고 있다. 학과를 운영하기 위한 최소한의 인원도 지원하지 않기 때문이다. 특히 지방대와 전문대학을 중심으로 폐과현상이 일어나고 있다. 국립대 간의 통폐합과 구조조정 그리고 학부제의 실시 등은 대학들이 살아남기 위안 현실적 자구책이다. 이 가운데 체육계열 학과는 아직 이러한 풍파를 경험하지 않고 있지만 앞으로 학생 수의 급감소로 인하여 체육계열 학과 또한 예외일 수 없다.

대학에서는 시장논리에 의해 순수학문의 중요성에도 불구하고 단지 유용성이 학과 구조의 중심 잣대로 강조되고 있다. 이런 대학의 분위기에서 체육계 학과들은 학문성에 무게를 두기보다는 당장 학교를 떠나 취업을 할 수 있는 체육의 전문성(실기)에 관심을 가질 수밖에 없다. 체육계 학과에서 지향하는 자격증 제도는 시대 유행에 따라 차이를 드러내고 있다. 이러한 점에 주목해 보면, 앞으로 자격증에 관한 국내 체육학과의 지형도와 체육개념을 읽어낼 수 있다.

국내에 처음 체육학과가 들어선 것은 이화여자대학교 체육과이다. 1945년 10월 이화여자대학교에 체육학과가 창설되면서 본격적인 체육학의 학문적인 발달의 계기가 마련되었다. 해방이 되자 이화는 전문학교에서 종합대학으로 승격되었고, 1945년 9월 학생을 모집하고 10월 말에 개강하였다. 이때 이화여자대학교는 3개 대학, 즉 한림원(문과, 교육과, 체육과), 행림원(의학과, 의학예과, 약학과), 그리고 예림원(음악과, 미술과)으로 출발하였다. 이와 같이 우리나라 최초로 체육과가 창설되었다. 이것은 그동안 교양과목의 일환으로 행하여 온 체육과목이 우리나라 최초로 고등기관에서 체육학과를 창설함으로써 전공과목으로 승격된 것을 의미하는 것이다(홍양자, 1995: 52).

이때의 학과는 보건, 위생, 생리 중심의 성격이 짙은 학과가 대부분이었다. 교과과정은 이론과목으로 물리학, 위생학, 운동생리학, 심리학, 해부학, 구급법, 근육운동학, 유희이론 등이 개설되었고 실기 과목으로는 육상경기, 농구, 덤블링, 정구, 배드민턴, 피아노, 포크댄스, 캠핑, 한국무용 등이었다. 이론과목은 자연과학 과목 위주로 편성되었으며 실기과목의 경우에는 다양한 스포츠종목은 물론 피아노를 포함한 무용이 함께 교수되었다(홍양자, 1995: 52). 이후에 다양한 학과 들이 생겨났고 지금도 새로운 과가 계속 만들어지고 있다.

체육학 전문성의 현재와 미래를 알아보려고 하는 것은 한국체육학 개념을 정립하기 위한 준비라고 할 수 있다. 체육학의 학문성을 중심으로 한 검토는 국내외의 여러 학자들에 의하여 어느 정도 이뤄지고 있다(Henry, 1964, 1978; Choi, 1992; Gim, 1988, 1989; 김영환, 1984; 정응근, 1987; 김상국, 1988, 1992; 윤경희, 1992; 김정명, 1997). 하지만 현장에서 요구되는 전문성에 대한 논의는 아직 미미한 실정이다. 학문화 운동에만 치우친 관심과 연구 때문인지 역으로 전문성 논의에 대한 연구는 많지 않다.

체육계 학과 학생들의 진로와 밀접한 관련성을 가지고 있는 전문성에 대한 검토가 체육개념을 정립하는 데 우선적으로 선행되어야 한다. 이를 바탕으로 한국체육학의 학문성과 전문성이 균형적인 개념정립이 된다. 그동안 현실을 반영하지 않고 학문성에만 중점을 두고 있었다. 하지만 무한경쟁 시대에 전문가로서의 삶을 살아가기 위해서는 전문 자격증을 취득할 수밖에 없다. 전문 자격증은 전문가로서 사회에서 인정받을 수 있는 중요한 척도가 된다. 대학 안에서도 이를 무시할 수 없게 되었다. 단지 학문만을 강조하기에는 세상은 너무 빠르게 변화해가고 있다. 시대 변화를 무시할 수 없는 것이 대학의 현실이다.

현실 속의 체육이 대학에서 학문과 전문성으로 존재하기 위해서는 체육학의 학문성과 전문성이 정립되어야 한다. 체육학의 학문분야는 독특한 개념과 탐구방법을 가지고 있으며, 실제적 가치와는 상관없이 지식의 추구 그 자체로서의 가치를 갖는 지식의 영역이며, 전문분야는 그 지식의 실제적 적용을 목표로 하는 영역이다(Kroll, 1982. 강신복 · 최의창, 1991: 재인용).

체육학을 학문성과 전문성의 영역으로 구분한다면, 학문성은 이론영역을 말하는 것으로 대학에서 다양한 이론과목들이 강의되고 연구되어 왔다. 전문성은 실천(실기)영역으로 이 역시 다양한 실기과목이 교과과정에 편성되어 운영되어 왔다. 이 연구에서는 체육학 전문성을 중심으로 한 체육개념을 검토하려고 한다. 전문성은 시대에 따라 요구되는 자격증을 중심으로 체육개념이 흘러왔고 학과 명칭이 결정되고 교과과정이 운영되었다.

국내 체육학의 전문성, 즉 자격증을 중심으로 한 체육개념의 변화

과정에 주목하였다. 자격증은 곧 취업과 연결되기 때문에 경제 불황으로 청년실업이 증가하는 사회 분위기에서 취업도 되지 않는 학과는 학생지원의 위험성을 가질 수밖에 없다. 우선적으로 요구되는 것은 시대의 흐름에 민감하게 적응해야 한다는 것이다. 세상을 무시하고 상아탑 안에서 학문만을 강조하기에는 세상은 너무 변화무쌍하다. 이러한 차원에서 이 연구는 체육학의 전문성 방향에 주목하였다. 체육철학의 역할이 체육이 나아갈 미래의 방향제시에 있다면 체육학의 방향을 이론적 틀에서 접근하기보다는 현장에서 요구되는 전문성 위주로 연구를 하였다.

이 글의 목적은, 첫째로 체육의 전문성의 변화추이를 고찰하여 체육의 전문성에서 가치지향의 변화를 알아보는 데 있다. 둘째로 미래의 체육을 알아보기 위하여 체육에서 미래의 가치지향이 무엇인지를 탐구하는 데 있다. 진행순서는 체육의 현재를 교육, 사회, 경영 가치지향의 변화를 체육교사, 생활체육지도자, 스포츠 경영관리사 자격증 제도를 중심으로 알아보고, 미래의 체육을 알아보기 위하여 복지 가치지향의 체육개념을 한정하여 탐구한다.

## 체육 전문성의 현재 • • •

1945년 국내에서 체육학과가 처음 생겨난 이후 지금은 엄청난 숫자로 늘어난 체육계열 학과를 볼 수 있다. 특히 1980년까지만 해도 체육관련 학과는 체육과 체육교육과, 무용과가 대부분이었으며, 학과 수는 17개에 학생 수는 2,380명뿐이었다. 올림픽 유치가 확정된 1981년을 기점으로 체육학은 폭발적인 증가를 보이기 시작하였다. 2002년 현재 4년제 체육계학과 학생 수는 42,956명이나 되고 200개의 대학 중에서 130여 개 대학에서 다양한 이름의 학과에서 체육학을 연구하고 있다. 전문대학에서도 2002년 현재 165개학과 23,133명의 체육계열 학생이 있을 정도로 체육을 전공한다고 하는 사람들이 초만원인 상태가 되었다(나영일, 2002).

다양한 체육계열 학과의 등장은 시대적 상황과 깊은 관련성이 있다. 이들 학과의 특성은, 학문의 변화보다는 현실적인 요구에 부응하는 전문성을 강조하고 있다는 점에서 현실과 맞물린다고 할 수 있다. 처음에는 체육교사를 양성하기 위하여 체육과, 체육교육과 등이 생겨났다.

이후에 생활체육에 대한 국가적 관심과 사회적 흐름이 반영되어 사회체육과가 급증하였다. IMF 이후 신자유주의의 시장 논리가 지배하면서 스포츠경영학과 등 현실적 유용성이 요구되는 학과들이 대거 생겨나고 있다. 이런 학과 명칭은 자격증과 깊은 연관을 가지고 있음을 확인할 수 있다. 이후의 논의에서 체육관련 자격증과 체육개념의 흐름을 검토할 것이다.

### 1. 교육가치 지향: 체육교사

해방 후에 학교에서는 전인교육에 주목하게 되었고 이에 따라서 홍익인간이라는 교육이념을 실현하기 위하여 지덕체를 강조하게 되었다. 체육은 전인교육의 실현을 위하여 요구되는 교과목으로 인정받을 수 있었다. 즉 신체를 위한 교육이 요구되었기 때문에 대학에서 체육과를 사범대학 내에 설치하게 되었다. 그 이유는 체육교사를 양성하기 위한 시대적 필요성에 의하여 결정된 것이라고 할 수 있다. 이후에 전국의 국립대학과 사범대학 내에 체육교육과가 만들어졌고, 이곳에서 학교체육에 필요한 체육교사라는 전문가를 양성하게 되었다.

체육교육과를 진학하는 학생들은 체육교사라는 전문직에 종사하기위한 비중이 크다. 체육교육과를 진학하는 학생들은 체육교사라는 직업에 매력을 가지고 있기 때문이라고 판단된다. 현재 체육교사 자격증은 체육교육과를 졸업하거나, 체육학과에서 교직을 이수할 경우 그리고 교육대학원을 졸업하는 경우에 교사자격증을 취득할 수 있다. 체육교사 자격증을 취득할 수 있는 경로는 다양하기 때문에 많은 예비교사들이 양산되고 있다. 이들은 순위고사를 준비하고 있지만 모든 순위고사 준비생들이 교사가 될 수 없기 때문에 잉여 고급인력이 적채되고 있다.

체육교사의 수요는 다양한 체육계 학과들이 생겨난 이후에도 어느 정도 요구되기 때문에 여전히 존속하고 있다. 하지만 현재 체육교사의 수요에 비해 과잉 공급 현상이 일어나고 있다. 현장의 학교에서 필요 이상의 과잉인원이 대학과 교육대학원에서 배출되고 있다. 단순히 시장논리에 지배받게 버려둔다면 과잉된 예비교사들에게 큰 고통과 좌절을 겪게 할 뿐만 아니라 국가차원에서도 낭비다.

이에 대한 국가차원에서 수급을 조절할 수 있는 방안이 강구되어야 할 것이다.

## 2. 사회가치 지향: 생활체육지도자

지금까지 우리나라의 체육은 승리주의와 국위선양에 입각한 엘리트 체육위주의 정책으로 인하여 체육 참여의 기회와 시설 프로그램의 혜택이 모든 사람에게 균등하게 배분되지 못하였다. 뿐만 아니라, 과다한 노동시간 및 경제적 궁핍으로 인한 체육참여 기회의 상대적 박탈, 아마추어리즘의 퇴조와 상업체육의 대두 등에 따른 관람체육의 양적 팽창, 근린 체육시설의 미비에 따른 스포츠 참여 공간의 부족 등으로 인해 불균형적인 체육구조를 이루어 왔던 것이 과거의 현실이었다(임번장, 1999: 8).

하지만 1986년 아시안게임과 1988년의 서울 올림픽은 생활체육에 대한 관심을 증대시켰다. 특히 1988년은 한국체육사에서 잊지 못할 미증유의 세계적인 메가 이벤트 축제가 있었다. 제24회 서울 올림픽은 동서화합의 올림픽으로 인류역사에 각인되어 있다. 이전만 해도 우리나라의 관심은 엘리트체육에 관심이 집중되어 있었다. 하지만 서울 올림픽을 계기로 생활체육에 대한 관심이 높아졌고, 그 여세로 사회체육관련 학과들이 생겨나게 되었다. 대표적인 학과는 고려대, 동아대, 한국체육대학교 등의 사회체육학과라고 할 수 있다. 여기서 생활체육과 사회체육의 개념혼란을 경험하게 되지만 이 둘은 표현상의 차이점만 있을 뿐 같은 내용을 갖는 용어다.

1986년 정부는 국민체육을 진흥함으로써 국민의 체력을 증진하고 건전한 정신을 함양하여 명랑한 국민생활을 영위하게 하며, 나아가 체육을 통하여 국위선양에 이바지함을 목적으로 하는 국민체육진흥법을 공표하였다. 여기에서 체육은 운동경기, 야외운동 등 신체활동을 통하여 건전한 신체와 정신을 기르고 여가를 선용하는 것으로 규정되었다. 이 법은 체육의 날 또는 주간을 설정하고, 지방 자치단체는 체육대회를 연 1회 개최하여 체육활동 참여의 분위기를 고양켰다. 또한 직장에서는 직장체육 진흥관리 위원회를 두어 체육활동을 활성화시킬 것을 유도하였고, 체육지도자를 고용하여 체육활동의 수준을 높이려고 하였다(박현우, 1997: 60).

1987년 한국사회체육진흥회의 사회체육연수원에서 생활체육지도자의 양성을 시작하였다. 1989년부터는 국민체육진흥법 시행령 제25조에 따라서 체육청소년부장관이 지정하는 대학 또는 체육단체에서 자격검증을 할 수 있도록 하였다. 현재 체육과학연구원에서 2급 지도자를 양성하고, 3급 지도자는 19개 대학, 2개 단체에서 생활체육지도자연구원을 개설하여 지도자를 양성하고 있다.

또한 대학에서 생활체육학과를 설치하는 그 근본적 취지는, 무엇보다도 한국 생활체육을 주도하고 일반 시민에 대한 건강, 체력육성 및 여가선용 방법을 지도하는 지도적 지성인으로서, 그리고 생활체육 전문지도자로서의 사명감과 전문성을 갖춘 인재를 양성하고, 생활체육지도자 육성의 중추적 역할을 담당하여 한국 생활체육의 활성화를 이룩하기 위한 획기적인 기반을 조성하는 데 있다. 따라서 대학의 생활체육학과는 생활체육활동의 전 영역에 대한 각각의 전문 인력을 양성할 수 있도록 만들어져야 할 것이다(성영호 · 최태훈, 1998: 80).

국민체육진흥법 제10조 제3항에서는 대통령령이 정하는 직장에서 직장인의 체력증진과 체력활동의 지도, 육성을 위하여 생활체육지도자를 두어야 한다고 규정하고 있다. 의무적으로 생활체육지도자를 고용해야 함에도 불구하고 강제성이 발휘되지 못하여 유명무실한 현실이다. 현실적으로 사회체육과, 체육학과 등에서 학생들이 생활체육지도자 자격을 받기 위해 노력하고는 있지만 자격증에 대한 충분한 사회적 대우가 따라주지 못하고 있다. 생활체육이 강조되는 사회분위기에서 의무적으로 생활체육지도자를 고용하여 직원들의 건강한 직장생활을 영위하기 위한 기업의 노력이 요구된다고 할 수 있다.

현 체제 내에서의 생활체육지도자 양성제도의 가장 중요한 목적은 질적으로 우수한 생활체육지도자의 양성에 있다. 이를 위해서는 무엇보다도 실기심사와 구술고사의 개선 그리고 이론 연수 중심이 아닌 해당 종목의 실기지도가 포함된 연수가 되어야 한다. 이러한 목표를 달성하기 위해서는 대학 중심의 연수원이 종목별 경기단체와 유기적인 협조 관계 속에서 진행될 수 있도록 제도 개선이 이루어져야 할 것이다(김동진 외, 2001: 10).

### 3. 경영가치 지향: 스포츠경영관리사

1997년 IMF라는 초유의 국민경제 위기감이 형성되어 국가위기 상태를 경험하였다. 이를 계기로 대학에서 실용성의 잣대가 들어섰고 모든 일에 있어서 시장논리가 크게 작용하게 되었다. 체육계 학과 역시 시대적 흐름에 따라 경영논리를 체육에 도입하기 시작하였다.

체육계열 대학에서 스포츠경영학, 스포츠마케팅 등의 학문이 유행하게 되었다. 이 여파로 스포츠산업대학원(국민대, 계명대), 스포츠경영학과(남서울대학), 스포츠경영전공(국민대, 단국대, 경희대) 등의 대학들에서 스포츠경영학과들이 생겨났다. 최근에 스포츠경영관리사라는 자격증 제도가 도입되어 많은 학생들이 자격증 공부를 하고 있지만, 정작 이 자격증이 사회에서 취업을 하는 데 도움이 되는가 하는 문제이다. 이 자격증을 취득하더라도 스포츠경영이나 마케팅 회사에 바로 취업이 되는 것이 아니라는 사실이다.

자격증은 특정 분야의 전문가로 신뢰할 수 있는 증명서라고 할 수 있다. 스포츠경영관리사 자격증 제도 역시 수요가 있기 때문에 국가 차원에서 실시하고 있지만 현장에서 자격증을 활용하는 데 있어 아직은 어려운 점이 있다. 앞으로 수요가 창출될 것이라고 생각할 수 있지만 과연 스포츠경영관리사 자격증이 실효성을 가질 수 있는지 지켜봐야 한다.

이상과 같이 체육학은 전문성 중심의 학과 명칭과 교과과정으로 편성되어 왔다. 이는 시대가 실용 중심의 잣대로 평가하기 때문에 나타나는 현상이다. 물론 체육학은 응용학문이기 때문에 순수학문과는 차원이 다르다는 점은 있다. 시장논리에 의해서 유용성이 없는 학과는 폐과 되는 분위기이다. 이러한 상황에서 체육계 학과가 살아남기 위한 방법은 전문성 중심으로 한 학과운영이라고 생각할 수 있지만, 한쪽만을 지나치게 강조하는 데 문제가 발생한다. 그렇기 때문에 체육계 학과에서 학문성이 전문성과 같이 동등하게 존중되고 운영되어야 한다.

## 미래의 체육과 체육의 미래 • • •

미래의 체육을 예견하기 위해서는 미래학자들의 미래에 대한 견해를 살펴볼 필요가 있다. 미래학자 다니엘 벨, 앨빈 토플러 등에 의하면 미래사회는 정보사회와 후기 산업사회를 구성하게 될 것이라고 한다. 정보를 중심으로 한 사회 속의 체육을 생각할 수 있다. 특히 저출산 노령화 사회의 등장과 여가사회의 출현을 예견할 수 있기 때문에 이에 대응한 체육의 모습을 그려볼 수 있을 것이다. 이러한 사회 변화에 정부와 다양한 분야에서 그 구체적인 대안들을 마련하고 있다.

미래의 체육학 전문성의 핵심개념을 찾는다면 복지개념으로 수렴되는 것을 알 수 있다. 복지라는 말은 행복이라는 뜻으로 사전에서는 정의한다. 하지만, 행복이라는 말처럼 모호한 것도 드물다. 매우 주관적이고 광범위하기 때문이다. 그러나 이 말이 사회과학적이고 정책적인 서양의 어법에 비추어 보면, welfare 또는 well-being의 뜻을 가진 말이므로, 인간의 존재 상태, 즉 삶의 모습과 관련시켜, '잘 산다' 는 말로 바꿀 수 있다. 복되고 안녕한 삶, 좋은 삶을 일컫는다. 그러면 사람이 잘 산다는 것은 무엇을 뜻하는가를 묻게 된다. 여기에 대해서도 의견이 분분하지만, 몇 가지 추상성이 높은 '사람의 가치' 로 요약할 수 있다(김경동, 1990; 10).

지금 대한민국은 복지사회를 지향하고 있기 때문에 체육 역시 복지체육에 초점이 맞추게 될 전망이다. 전망은 현실의 수요에 따른 종합적 판단에서 나올 수 있는 미래 예견이라고 할 수 있다. 현 시대 상황에 맞는 체육계의 자격증을 생각한다면 역시 스포츠복지사라는 자격증이 도입될 가능성을 예견할 수 있다.

특히 유행의 중심에 있는 건강증진, 운동처방, 스포츠의학 등 건강 관련 분야의 자격증이 생겨날 가능성이 여전이 높다. 하지만 의학 분야와 보건 분야와의 밥그릇 싸움이 남아 있고 이미 처방과 의학이라는 용어를 사용할 수 없기 때문에 의학 분야에 기우는 경우도 있다. 치료, 의학, 처방 등 의학용어의 사용에 제약을 받고 있기 때문이다. 이외에 예상되는 전문가 분야는 노인체육과 여가교육 부분이다.

유엔은 65세 이상 노인 연령층 비율이 전체 인구의 7%를 차지하는 사회를 고령화 사회, 14%를 넘으면 고령사회 그리고 20%가 넘으면 초 고령사회로 규정하고 있다. 우리나라는 2000년에 이미 65세 이상 노령인구가 337만 명으로 전체 인구의 7.1%로 고령화 사회로 진입하였다(조선일보, 2001).

노인인구의 급증으로 노인사회로 진입하였다는 것이다. 노령인구의 증가로 인한 인구구조의 변화는 그동안 소외되어 왔던 노인문제가 노령인구의 증가로 사회의 핵심과제로 부각되는 상황으로 발전할 것을 예측하게 한다. 생활체육영역에서는 참여인구구조의 변화를 가져올 것이며, 대상의 양적인 변화를 초래할 것이므로 생활체육활동을 구성하는 프로그램의 개발 및 보급의 확대, 시설확보, 홍보, 생활체육지도자 양성교육의 기본방향 등이 고령인구 증가에 대비할 수 있도록 제공되어야 할 것이다. 이 중 생활체육지도자에게는 노인들의 체육활동에 대한 다양한 욕구를 전문적인 지도와 교육을 통해 운영하고 조정하는 역할이 요구된다(김경숙, 2005).

여가혁명이라고 할 만큼 시급한 여가문제에 있어서 이 분야의 전문가가 부족하기 때문에 수요에 따른 공급의 차원에서 이 분야를 주목하게 될 것이다. 여가를 효율적으로 관리할 수 있는 능력을 갖춘 사회인 양성이 시급하다. 급증하는 여가를 준비 없이 맞게 되면 사회에 문제가 될 수 있다. 여가교육을 통하여 개인의 여가관리 능력을 배양하는 것이 필요하다. 이를 위해서는 여가를 전문적으로 지도할 수 있는 능력 있는 지도자가 있어야 한다. 시설과 프로그램만을 가지고는 여가교육이 어렵기 때문이다.

이처럼 미래의 사회 흐름은 복지개념에 수렴된다고 할 수 있다. 이를 바탕으로 저자는 미래체육의 전문가로서 '스포츠 복지사' 라는 신종의 용어를 만들어 보았다. 이미 사회복지사라는 자격증이 있지만 복지영역에서 체육 분야의 특수성이 요구되는 전문분야라고 할 수 있다. 그렇기 때문에 복지체육이라는 특수한 분야를 책임지기 위해서는 자격증이 필수적이다. 물론 이 용어는 다분히 주관적인 용어에 국한된다. 하지만 현재를 바탕으로 미래를 예측할 때 가능한 분야의 자격증이 아닌가 생각해 본다. 이름만 거창하고 사회에서 필요없는 자격증이 되지 않기 위해서는 이러한 자격증이 진실로 필요한 것인가에 대한 문제를 살펴 볼 필요가 있다.

## 역사로 읽는 체육의 전문성 • • •

체육학은 다른 학문과는 차이를 보인다. 체육학은 학문성과 전문성으로 구분된다. 학문성과 전문성은 모두 중요하기 때문에 어느 한 쪽을 소홀이 할 수 없다. 지금까지의 선행연구들이 너무 학문성 중심의 체육개념에 한정되어 연구되어 왔다. 이 글에서는 체육의 전문성 중심으로 체육개념을 시대별 추이를 파악하여 정리하여 보았다. 국내에 체육학과가 설립된 이후 제도의 변화과정을 자격증이라는 전문성에 한정하여 검토한 결과는 다음과 같다.

첫째, 1945년 해방 이후에 대학의 사범대학에 체육과, 체육교육과가 설립되었고 학생들은 2급 정교사자격증을 취득하게 되었다. 각 대학의 체육교육과를 졸업하면 교사자격증은 누구나 받을 수 있었다. 이때의 체육학에서 지배적인 개념은 체육의 교육적 가치 중심의 체육개념의 시기라고 할 수 있다. 특히 사범대학 체육교육과를 중심으로 체육의 교육적 가치를 추구하였다. 그 당시 체육은, 곧 교육이라는 생각이 지배적이었다. 체육의 교육적 가치만을 인정하며 그것에 대한 연구가 집중되었다.

둘째, 1988년 이후에 사회체육과, 생활체육과가 생겨났고 학생들은 생활체육지도자 자격증에 매달리게 되었다. 이때는 체육학 분야에서 체육의 사회적 가치를 추구하였다. 국가 차원에서 서울올림픽 개최 이후, 엘리트체육에서 생활체육에 대한 관심을 돌리게 되었다. 하지만 여전히 엘리트체육으로 기본 정책은 변함이 없었다. 그 가운데 생활체육에 대한 관심은 국가체육정책의 변화를 가져 왔다. 이는 체육에 대한 국가 차원의 인식의 변화임을 확인할 수 있었다. 기존의 생각은 엘리트체육에 집중하여 올림픽을 통해서 국위선양이 주된 관심사였다.

셋째, 국내 경제는 1997년 IMF라는 초유의 국가경제의 위기라고 할 수 있는 국제구제금융의 지원을 받는 위기에 처하여 신자유주의의 시장논리가 모든 것을 지배하게 되었다. 이때는 유용성이 사회 전체에 확산되어 체육학 분야에서도 체육의 경영적 가치가 지배적인 가치로 인식되었다. 지금까지 비생산적인 체육은 생산성이라는 시대 논리에 따라 갈 수밖에 없었다. 이는 한국의 모든 분야가 신자유주의라는 시장논리에서 자유로울 수 없다는 것을 증명하는 것이다.

체육학에서도 시장논리가 지배논리를 받게 되었다. 이러한 사회적 분위기에서 스포츠경영학, 스포츠마케팅 등이 인기를 얻게 되었고 학과들이 만들어지게 되었다. 국가 차원에서 공인된 스포츠 경영관리사 자격증 제도가 만들어졌고, 학생들은 현재, 스포츠경영관리사자격증 공부에 매달리고 있다.

미래의 체육개념은 복지체육이라는 핵심어로 대변할 수 있을 것이다. 저소득가정의 체육, 노인체육, 제3세계의 체육, 소외계층의 체육 등에 대한 복지적 차원의 대책이 요구될 것이다. 그래서 소수의 특정인만을 위한 체육에서 벗어나 누구나 누릴 수 있는 행복추구권으로서 스포츠권리가 향유되어야 할 것이다. 그렇다면 사회복지 차원에서의 체육을 주목할 필요가 있고, 또한 이를 충족시킬 수 있는 분야가 바로 복지체육이라고 할 수 있을 것이다.

이렇게 자격증을 중심으로 한 체육의 전문성에 대한 변화를 알아보았다. 체육의 전문성 중심의 가치 지향의 흐름을 정리하면 다음과 같다. 보건·위생 가치 지향 → 교육 가치 지향 → 사회 가치 지향 → 경영 가치 지향 → 복지 가치 지향으로 개념의 틀이 변화되어 왔고 앞으로도 계속 변화될 것이다. 체육개념은 시대변화와 관련 없이 완고한 고정 불변의 개념이 아니라 시대흐름에 따라서 변화할 수 있다. 그것은 시대와 소통하면서 적응하고 발전하고 있는 진보의 증거라고 할 수 있다.

체육의 전문성 논의와 방향에서 알 수 있는 것은 체육교사, 생활체육지도자, 스포츠경영관리사 등을 포함하는 체육지도자 혹은 스포츠지도자의 전문성 강화이다. 그 중에서 체육교사의 전문성을 위하여 요구되는 것은 하남길(2002)에 의하면 체육 혹은 스포츠에 대한 사랑과 정열, 풍부한 교양, 전문지식, 지도기능과 교수법이다. 이것은 체육교사에게만 해당되는 것이 아니라 이 땅의 체육지도자 또는 스포츠지도자 모두에게 요구되는 것들이다. 대학에서 이러한 조건을 충족시킬 수 있는 교과과정과 전문가 교육이 효율적으로 강화되어야 할 것이다.

# 제3장

## 현대 운동문화의 신화와 비판

21세기를 '문화의 세기'라고 흔히 말하지만 문화가 무엇을 의미하는지는 명료하지 않다. 우리는 언제인가부터 인간의 생활과 활동양식을 지칭하는 어휘에 문화라는 낱말을 덧붙여 쓰게 되었다. 과거보다는 더욱 다양해진 문화에 대한 용어들이 우리 주변에 범람하고 있다. 예를 들면 '음식문화', '스포츠문화', '운전문화', '포장문화' 등의 개념들이 널리 쓰이고 있다(박이문, 1996). 이렇게 널리 사용되고 있는 개념들은 일부 계층의 특권이 아니라 모든 사람들이 함께 누릴 수 있는 친숙한 문화, 대중적인 문화의 등장 및 정착을 반영하는 것을 의미하기도 한다.

현대 사회에서의 스포츠의 발전은 대중의 등장과 성장을 토대로 이루어졌다고 해도 과언이 아닐 정도로 대중에 대한 의존도가 크다.

이러한 계층의 등장과 성장은 근대 산업혁명 이후 사회계급구조가 전통적인 세습으로부터 생산과 소비에 따른 수준별 계층구조로 급속히 전환됨으로써 가능하게 되었다(정응근, 2002).

과거의 특권계층의 교양의 하나이자 교육수단이었던 스포츠는 과학기술의 발달에 따라 더욱 빠르게 대중에게 전달되면서 문화적 가치의 측면에서 더욱 중요하게 부각되었다. 이러한 시기에 우리는 스포츠가 대중화되면서 과거와는 다른 점들을 기대할 수 있게 되었다. 우선 스포츠 활동에 참여하고 있는 대중 개개인이 운동하는 주체가 되며, 운동선수들도 마찬가지로 자신의 의지에 따라서 자립적이고 독자적인 활동으로서 운동을 할 수 있다는 점이다. 둘째는 운동이 단순히 양적으로 대중화되는 것에 그치지 않고, 대중 자신의 건강한 삶을 위한 복지 사회의 일원으로서 주장할 수 있는 하나의 권리가 된다는 것이다. 셋째는 이러한 운동에 대한 권리가 보장되면 책임을 이행할 수 있는 기관과 조직이 자연적으로 설립 가능하다는 것이다. 그러나 이와 같이 변화 가능한 운동에 대한 기대들이 체육과 스포츠의 현장에서 얼마나 실현되고 있는가를 확신하기에는 아직 이르다고 할 수 있다.

현대자본주의의 시장논리 안에서 스포츠는 상품화되고 운동의 진정한 문화적 가치가 상실되어가고 있다는 우려의 소리가 높다. 현대 스포츠 계에서 벌어지고 있는 도박이나 속임수, 방해 그리고 약물복용과 같은 일탈행위들을 흔히 볼 수 있다(엄정식, 2002). 이러한 일탈형의 스포츠문화는 운동하는 사람들이 운동하는 것을 궁극적인 목적으로 하는 것이 아니라 운동을 수단으로 또 다른 목적을 달성하려는 태도에서 비롯된다고 볼 수 있다. 즉, 운동을 통하여 운동 자체의 즐거움이나 자기인식의 체험 등 자기 목적적 가치보다는 사회적인 성공이나 명예, 그리고 돈을 벌기 위한 금전적인 교환가치로 운동을 하고, 운동하는 사람 자신의 몸을 수단적 가치로 전락시키고 있다고 볼 수 있는 것이다(정응근, 2002).

어떠한 문화도 상품적 도구나 금전적 교환가치로서 존재하는 상품이 될 수 없듯이 상품화된 스포츠라면 이미 문화적 가치를 상실한 것과 다름이 없다. 여기서 스포츠의 목적이 상품화에 있다는 것은 궁극적으로 상품이 자본이라는 보다 직접적인 목적과 더 가깝다는 것을 의미한다. 이것은 스포츠문화에 대한 새로운 형태로도 볼 수 있는 반면, 새로운 운동경향에 대한 반성적 성찰을 시도해야 하는 불가피한 문화적 과제를 알려준다. 그렇다면 이러한 스포츠는 상품이 아닌 문화의 범주 안에서 회복되어야 할 과제의 필요성은 비켜갈 수 없다.

문화의 세기에서 개개인들의 존엄성이 존중되는 바탕 위에서 인간다운 본래의 가치를 창출해 나가는 시대를 요청한다(김성동, 2003). 스포츠는 이러한 시대적 요청에 대하여 현대 사회로부터 안전하다고 볼 수 있는가? 이 글의 목적은 운동 문화에 대한 현대적 가치를 반성하고 점검하여 향후에 필요한 가치연구의 과제를 제시하는 데 있다.

이러한 목적을 위하여 우선적으로 운동문화가 무엇인가에 대한 개념적 정의를 살펴볼 것이다. 운동문화에 대한 개념적 정의는 명확한 정의 없이 사용되는 유사용어에 대한 혼돈을 줄이고, 운동문화의 본질을 파악하는 것을 가능하게 할 것이다. 둘째로 현대사회에서 나타나고 있는 운동에 대한 일반화된 믿음들을 비판할 것이다. 이것은 운동문화로서의 스포츠의 현주소를 알아보고 그 문제점을 인식하고자 함이다. 셋째는 보다 바람직한 운동문화를 보장할 수 있는 향후 과제가 무엇인지를 살펴볼 것이다.

## 운동문화의 개념적 정의 • • •

영국의 인류학자 타일러가 "문화란 지식, 신앙, 예술, 도덕, 법률, 관습 등 인간이 사회의 구성원으로써 획득한 능력 또는 습관의 총체"라고 정의하였듯이 문화는 자연적으로 주어진 것을 인간의 의식적인 활동을 통하여 변형하는 과정에서 드러나는 정신적 현상과 객관적 산물을 모두 포괄하여 총칭하는 의미로서 사용된다. 스포츠 문화라는 용어는 일반적으로 잘 알려져 있지만 그것을 어떻게 정의할 것인가에 대한 연구는 많은 편이 아니다. 스포츠 문화에 대한 정의로서 김철(1996)에 의하면 "인간이 자연과 인위적 환경에 적응, 조절하는 발달과정에서 주로 신체활동과 그 표현이 삶의 질을 증대시키는 스포츠문화 행위와 결과를 총칭하는 것"이라고 정의하였다. 여기서 스포츠적 문화행위란 무엇인가? 스포츠 문화의 정의에서 나타나는 스포츠적 문화행위란 동어반복의 한계를 가지고 있기 때문에 스포츠 문화를 구성할 수 있는 기본 개념이 될 만한 문화행위를 필요로 할 것이다. 이러한 입장에서 본 연구는 스포츠 문화를 포괄할 수 있는 기본개념을 운동문화로 하였다.

일찍이 고대 그리스의 문화개념인 파이데이아는 시민으로서 적합한 정신형성을 위한 교육활동인 정신적 문화를 의미하였다. 그러나 근대시민사회의 출현과 함께 인간정신으로부터 비롯된 객관적 산물인 물질문화도 포함되었다.[1] 다시 말해서 과거에는 문화가 어떤 특정계급의 전유물이었던 반면 현대에 와서는 기술과학의 발달과 함께 대중화되어 누구나가 공유할 수 있는 일상생활이 된 것이다.

현재 사용되는 문화에 대한 다양한 용어들만큼 다양한 문화의 정의가 있지만 그 중에서도 대표적인 문화연구가로 알려진 윌리암스의 정의가 가장 널리 알려져 있다. 그는 문화에 대한 정의가 많은 개념들 중에서도 가장 정의하기 어려운 용어라고 전제하면서 '삶의 총체적인 방식(a whole way of life)' 으로 문화를 정의하였다. 여기서 삶의 총체적인 방식이란 생활방식의 물질적, 지적, 정신적인 영역을 모두 포괄하는 것이다. 또한 집단 공동체의 일상생활 속에서의 상징적 행위까지도 포함하는 것이다(이기우, 1998). 그렇다면 운동문화란, 인간의 일상생활 속에서 나타나는 운동의 총체적인 방식으로 정의할 수 있다. 여기에는 운동을 통하여 드러나는 물질적, 지적,

1) 슈펭글러(Oswald Spengler)에 의하면 그의 대표 저서인 〈서양의 몰락〉(1918)을 통하여 각각의 고유한 문화는 고유한 문명에 따라서 발생, 성장, 성숙, 몰락이라는 주기를 구성한다고 보는 입장에서 정신문화와 물질문화를 통합적으로 이해하기 시작하였다.

정신적, 그리고 상징적인 행위를 모두 포함하고 있는 것이다.

운동문화로서의 스포츠에 대하여 알아보자. 체육과 스포츠의 개념은 운동과 관련된 대표적인 두 개념으로 그 정의에 있어서도 다양한 견해 차이를 보이고 있다. 미국을 중심으로 한 '체육학문화 운동' 과정에서의 체육은 신체의 교육 개념으로부터 신체를 통한 교육, 인간 움직임 예술과 과학, 소매틱 교육, 스포츠 과학, 기능학 등의 개념으로 학문적 중심개념을 규정하고자 하는 노력들이 진행되어왔다. 한편 여가사회에 돌입하여 Sport는 라틴어 'disportaer' 에서 유래되어 '기분 전환 · 놀이' 를 뜻하는 어원적 의미로 전개되고 다소 규범적인 사회학적 정의들을 가능하게 하였다. 그러나 이러한 노력에도 불구하고 일반적으로 체육과 스포츠의 개념은 여전히 혼용되고 있으며 학위논문의 경우에도 이 두 용어를 불명확하게 사용하는 경우가 적지 않다. 또한 체육학과와 사회체육학과의 전공과목 수강생들에게도 이 두 개념의 명확한 인식은 어려운 과제가 되고 있다. 이러한 문제점은 교육적 차원의 문제일 뿐 아니라 무분별하게 용어 사용을 하는 사회 문화적 분위기도 한 몫을 한다고 볼 수 있다.

이러한 혼돈된 용어 사용에 있어서 그 정의들을 정리한다면 크게 두 차원에서 이해될 수 있을 것이다. 체육과 스포츠의 다양한 정의들을 두 가지 맥락에서 그 특징을 정리해 본다면 체육은 교육적 측면에서 스포츠는 문화적 측면으로 그 차이를 둘 수 있다. 교육적 측면의 체육 용어와 비교되는 스포츠의 문화적 특성은 호이징가의 《놀이하는 인간》(1950)과 카이요와의 《놀이와 인간》(1959)을 통하여 잘 알려져 있으며 스포츠의 의미를 문화적 측면으로 접근한 예로는 블랑챠드의 《스포츠 인류학》(1985)을 대표적으로 들 수 있다. 이러한 측면에서 볼 때 스포츠는 인간의 독특한 문화의 한 영역임을 확인할 수 있다. 한편 경쟁적 활동이나 승부를 위한 신체활동 등의 특정적인 활동 자체를 스포츠냐 아니냐를 가르는 기준으로 삼는 것은 스포츠에 대한 협의적인 정의라고 할 수 있을 것이다. 이러한 협의적인 스포츠 정의에 나타나는 문제점은 스포츠라는 라벨이 붙어 있는 모든 운동 형태, 즉 육상, 골프, 수영, 축구, 야구, 사냥, 낚시 등에 대하여 서로 간의 일관된 공통분모를 찾기가 어렵다는 것을 들 수 있다.

따라서 스포츠는 문화적 차원의 광의적인 접근에서 인간의 전체적인 운동문화로 이해되어야 할 것이다. 스포츠가 문화일 수 있는 것은 스포츠에 내포된 문화적 속성들 때문이다. 프레더릭슨(Frederickson, 1960)에 의하면 "스포츠는 첫째로 문화적 산물이며 문화적 산물로써 이해되지 않으면 안 된다." 고 언급한바 있다(박기동 외, 1994). 또한 정종훈은 그의 저서 《체육원리》(1999)에서 스포츠의 문화적 속성으로 전달성, 규칙성, 규범성, 중층성 그리고 관계성을 들고 있다. 즉, 전달성은 만인보편의 생물학적 유전을 통하여 계승되는 사회적 유산을 의미한다. 즉, 우리 몸과 관련된 생물학적, 심리학적, 사회학적 조건들은 운동과 스포츠 행위를 통하여 지속되어 왔다고 할 수 있다. 둘째로 규칙성은 그 집단 내에서 타인과 공통되는 어떤 일관적인 약속을 의미한다. 셋째로 규범성은 노동과 여가의 행위로 구분되는 영역 가운데 여가적인 행위의 기준을 가지는 체육과 스포츠라는 임의의 형태를 가지고 있음을 의미한다. 또한 넷째로 중층성은 집단 전체적으로 보편적인 영역과 특수적인 영역에서 나타나는 것으로 즐거움만을 취한다든가 또는 경쟁의식을 취한다든가 하는 각 집단에서의 대체적인 경향들을 의미한다. 마지막으로 관계성은 하나의 문화는 개별적으로 성립하는 것이 아니라 다른 문화와의 끊임없는 상호작용 안에서 형성된다는 특징을 말한다(정종훈 외, 1999). 이러한 문화적 속성들은 스포츠가 문화의 한 형태일 수 있는 이유가 되며, 운동문화를 이루는 구성요소들이 된다.

## 운동문화의 신화와 비판 • • •

현대 사회의 물질문명에 의한 풍요로움은 역으로 가치빈곤이라는 문제를 낳고 있다. 여기서 가치 빈곤의 문제란 가치로운 것이 무엇인가에 대한 무관심 또는 궁극적인 목적을 상실하는 것을 의미한다. 가치 상실의 경험은 운동에 대한 그릇된 신화들 속에서 구체적으로 반영되어 나타나고 있다. 여기서 그릇된 신화들이란 어떠한 목적에 대한 지나친 집착과 관심에서 오는 목적과 수단이 뒤바뀐 현상을 지속하려는 경향들을 말한다. 본 연구에서는 현대 스포츠 문화 안에서 나타나는 이러한 신화들을 크게 건강제일주의, 승리지상주의, 기능만능주의의 세 경향들로 살펴보았다.

## 1. 건강제일주의는 건강한 인간을 만든다?

대부분의 사람들이 운동을 하는 이유는 건강하기 위해서다. 인간이면 누구나 건강하기를 희망할 것이다. 왜 건강하려고 하는 것일까? 그것은 우리 자신이 원하는 바를 이루기 위해서 가장 필요한 것일 수 있기 때문이다. 일찍이 1946년 세계보건기구(WHO)는 보건대헌장에서 건강에 대하여 정의하기를 "건강이란 신체적, 정신적 및 사회적으로 완전히 양호한 상태에 있고 단순히 질병이나 이상이 없다고 하는 것만은 아니다."라고 밝힌 바 있다. 즉, 건강은 단순히 신체적 정상 상태를 넘어서 인간의 건강한 삶의 조화를 의미하는 것이다. 그러나 운동과 건강의 밀접한 관계를 볼 때 주로 인간을 하나의 육체적 대상으로 이해해 온 몇 가지 편견을 간과할 수 없다. 즉, 건강에 대한 물질주의적 경향, 상징주의적 경향 그리고 외모주의적 경향 등을 들 수 있다.

### 1) 물질주의적 경향

물질 중심의 현실주의란 무병장수와 부의 축적을 삶의 궁극적인 목적으로 하는 현세적인 세계관으로 현재까지 많은 영향을 주어온 전통적인 관점이라고 볼 수 있다. 서구의 심신이원론적 관점에서 보면 정신과 분리된 신체는 물질적인 대상으로 강조되면서 건강을 신체적인 영역으로 국한시키는 오류를 극복하지 못하였다. 또한 동양의 심신일원론적 관점에서는 신체와 정신을 통합하는 반면, 외적으로 드러나는 신체와 물질을 더욱 중요하게 여기는 경향을 가지고 있었다. 특히 건강에 대한 태도에 있어서 몸을 위한 음식, 청결이나 관리는 물론, 보약이나 신체단련 중심의 운동에 현세 중심적 즉물주의가 반영된다고 할 수 있다. 이러한 현상은 자본주의의 시장논리에 편승하여 더욱 현실적이고 세속적으로 가속화되었다.

이러한 가운데 나타나는 신체건강중심주의는 심각한 사회적 병리를 유발할 수 있다는 비판도 있다. 즉, 건강을 위하여 현실적으로 잘 먹기, 밝게 살기, 힘 있게 살기 등의 의미를 가지고 동시에 내가 잘 먹기 위하여 남에게 덜 주거나 남의 것을 빼앗아야 하며, 내가 빛나게 살기 위해서 남에게 어둠을 강요해야 하고, 내가 힘 있게 살기 위해서 남을 굴복시켜야 하는 자기중심적이고 집단이기중심의 건강개념이 가능하다는 문제점을 지적할 수 있다. 결국 신체건강중심주의는 자기중심적이고 타자배제적인 문제를 포함하고 있는 것이다(유헌식, 2003).

### 2) 상징주의적 경향

현대자본주의의 시장논리 안에서 상품소비를 부추기기 위해 새로운 국면으로 강화되어 나타난 것이 상징중심적 경향이라고 할 수 있다. 이미지조차도 소비하는 현대사회에서 건강은 운동선수의 몸을 통하여 자주 표현되고 있으며, 생물학적 차원의 건강을 넘어 하나의 건강함의 상징으로 기능하고 있다고 볼 수 있다.

왓처(Wacher)에 의하면 건강에 관한 광고나 서적의 겉표지에는 운동선수의 역동적인 몸을 상징화하여 건강을 위한 이상적인 상징으로 기호화하는 경향이 있다고 비판하였다. 그러나 이상적인 상징화의 문제점은 건강한 몸이 운동선수들의 역동적인 몸과 동일시되는 가운데 역동적인 건강만이 확대된다는 사실이다. 반면 그는 건강한 농부나 수도자들의 정적상태의 건강은 건강한 몸의 상징성에서 제외되고 있음을 우려하며 상징적인 건강의 의미를 반성해 보고 재고해 볼 것을 제안하였다(Wacher, 1985). 적어도 우리가 추구하는 건강한 몸은 사회구조적으로 상징화된 역동적인 건강과 관련이 없진 않을 것이며 진정한 건강이 무엇인가에 대한 물음이 필요하게 될 것이다.

### 3) 외모주의적 경향

사회적으로 상징화된 건강은 운동을 통해 얻을 수 있는 결과만을 강조하기 쉽다. 여기서 외모주의적 경향이란, 운동을 통해 거둘 수 있는 내적인 경험보다 잘 가꾸어지고 균형을 이루는 외모에 대하여 최대효과를 찾고자 하는 태도를 말한다.

전통적으로 외모라 함은 얼굴을 의미하였지만 이제는 얼굴만이 아니라 체형까지 포함하는 것으로 인식되고 있다. 소비문화 속에서 날씬함은 좋은 이미지 또는 건강함과 연결되어 있고, 뚱뚱함은 부정적 이미지로서 비만과 연결 지으며 건강에 대한 위기로 일컬어진다. 여전히 붐을 이루고 있는 다이어트운동은 사회적으로 상징화된 날씬한 체형을 건강한 이미지와 동일시하는 데 적지 않은 영향을 주었다. 드라마틱하고 아름다운 몸의 이미지는 건강, 장수, 성취, 즐거움, 힘, 에너지, 속도, 민첩함 등과 같이 스포츠문화 안에서 허용되었던 표현들이다. 또한 대중매체를 통하여 이것을 재현하고 운동문화와 결합하게 되는 것이다(김은실, 2003). 이러한 운동주의가 지나치게 외모에 집착하는 동안 운동을 통하여 가능하였던 문화적 체험들은 제외된 채로, 외모의 표현과 외모의 형태에만 치중하는 맹목적인 운동주의에 빠질 우려가 있는 것이다.

건강에 대한 올바른 이해는 몸의 부분적인 기능의 강화나 발달이 아니라 건강한 삶의 의미로 넓혀져야 할 것이다. 또한 건강을 위한 물질적인 차원의 노력들은 정신적인 차원으로 넓혀져야 할 것이며, 행동체력과 방위체력에 있어서 행동체력만이 강조되는 입장에서는 '건강한 근육질의 몸 만들기' 에는 기여할 수 있으나 건강한 인간을 만들기는 어려울 것이다. 건강하다는 것은 건강한 삶의 실천으로서 정신적, 사회적, 신체적 모든 분야에서의 안녕한 상태를 의미하며 또한 조화로운 삶의 주체가 되는 것이다.

## 2. 승리지상주의는 성공한 인간을 만든다?

현대사회에서 승리를 위한 경쟁은 삶의 당연한 모습이 되었다. 그러나 승리에 대한 지나친 집착은 인간으로 하여금 진정으로 인간적인 성찰의 시간을 빼앗는다. 특히 운동문화 안에서 나타나는 승리에 대한 집착은 더욱 심하다고 할 수 있다.

경쟁 중심의 현대 스포츠의 발달은 미국사회의 지배적인 자본주의적 관습으로부터 기인되었다고 볼 수 있다. 이러한 문제에 대하여 알피 콘(Alfie Kohn)은 그의 저서 《경쟁을 넘어서》(1995)에서 경쟁에 대한 지배적인 관습의 통속적인 신화들을 네 가지로 비판하였다. 첫째는 경쟁은 삶의 피할 수 없는 인간성이라고 보는 것에 관한 문제이고, 둘째는 경쟁이 최선을 다하는 만큼 생산적일 수 있다고 보는 것에 관한 문제이다. 또한 셋째는 경쟁은 즐거움을 갖는 가장 좋은 방법이라는 것에 관한 문제이며, 넷째는 경쟁은 인격을 키우고 자신감을 얻는 데 좋은 방법이라고 보는 것에 관한 문제이다. 이러한 통속적인 믿음들에 대한 그의 입장을 통하여 우리는 승리지상주의로 팽배해 있는 현대 운동문화를 다시 반성해 볼 수 있다.

### 1) 경쟁은 인간의 본성 중 하나인가?

알피 콘은, 경쟁이 불가피한 본래의 인간성이라는 신화에 관하여 자연세계 안에서는 생존을 위하여 경쟁보다 협력이 더욱 앞선다는 것을 강조하였다. 즉, 경쟁은 인간의 본성이 아니라 사회구조적으로 습득되고 육성된다는 것이다. 또한 기본적으로 자연세계 안에서 적자생존의 문제란 어떻게 경쟁하는가의 문제가 아니라 어떻게 적응하며 살아가는가에 있으며, 적응을 위해서는 경쟁보다는 서로의 공동협력관계가 필수적이라는 것이다.

스포츠와 같은 운동세계에서는 어떠한가? 로렌츠는 인간에게 내재되어 있는 본능으로서의 공격성을 건전하게 발휘할 수 있는 방법으로 스포츠를 제시하고 있지만(이현옥, 2000), 운동 세계에서는 경쟁보다는 협력이 더욱 필수적이며 선행된다는 것을 부인할 수 없을 것이다. 즉, 운동경기에 있어서 경쟁은 협력을 전제로 하며, 협력 없이는 승리할 수 없을 뿐더러 승리한다고 해도 협력이 없는 승리란 모두에게 특별한 의미가 될 수 없을 것이다.

그렇다면 스포츠에 있어서도 승리에만 치우친다면 결과 중심적이라는 문제를 낳을 수 있다. 결과중심주의의 한계는 운동으로부터 운동하는 주체가 소외될 가능성이 있다는 것이며, 어떻게 운동을 하였는가에 대한 과정의 중요성을 잃게된다. 스포츠에 있어서 함께 경쟁한다는 것은 경쟁함에 앞서서 함께 협력한다는 것에 더욱 큰 의미가 있는 것이다.

### 2) 경쟁은 생산성을 높여주는가?

경쟁하는 것이 최선을 다하게 하여 생산력을 높일 수 있다는 의견은 어느 정도 설득력이 있다. 왜냐하면 경쟁한다는 것이 어떤 공동작업을 할 때, 서로에게 동기부여를 해 줄 수 있기 때문이다. 그러나 알피 콘은 상호 간의 협력과 헌신이 경쟁하는 것보다 오히려 생산적인 결과를 낳을 수 있다는 점을 거듭 강조하였다. 그에 의하면 사회적으로 훌륭한 업적을 성취한 사람들이나 운동세계에서 뛰어난 선수들을 볼 때, 그들의 성공을 보장해 주었던 것은 그들의 내적 동기를 높여줄 만한 주변으로부터의 협력과 자신의 헌신적인 노력이 있었기 때문이라는 것이다.

실제로 스포츠에서 승리를 지나치게 추구하다보면 오히려 타인에게 이기려고 하는 외적인 결과에 집중하게 되며, 선수의 내적인 동기를 감소시킬 수 있다. 특히 외적 결과에 대한 집착은 경쟁으로 인한 이기주의의 증대를 허용하고, 불안, 적대감, 강박관념, 개성의 억압과 같은 결과들을 가져올 수 있다. 그러므로 이 문제에 관하여도 생산성을 위한 경쟁보다는 상호 간의 협력이 우선한다고 볼 수 있다.

### 3) 경쟁은 즐거움을 갖게 하는 좋은 방법인가?

즐거움에 관한 문제에 있어서 경쟁하는 즐거움은 어느 정도의 한계를 갖게 된다. 왜냐하면 경쟁하는 즐거움이 어느 수준을 넘게 되면 심리적 부담감과 압박감으로 변할 수 있기 때문이다. 이러한 면에서 경쟁은 즐거움을 위한 수단으로 경쟁 활동을 이끌 수는 있지만 경쟁 자체가 즐거움의 궁극적인 수단이라고는 할 수 없다는 것이다. 알피 콘은 그동안 자본주의 경쟁체제에 순응하고 적응해 나가기 위해서 경쟁을 즐거운 것으로 생각하도록 우리 자신이 사회화되었다고 역설하였다.

엄밀히 말하면 즐거움이란 경쟁적인 활동에서 비롯되는 것이 아니라 놀이하는 자체의 즐거움에서 오는 것이다. 일찍이 '놀이하는 인간'을 통하여 놀이하는 인간상을 정립한 호이징가(Huizinga)에 따르면 놀이가 즐거울 수 있는 것은 놀이하는 즐거움에서 오는 것이라고 하였다. 또한 그는 놀이가 즐거울 수 있는 것은 자발적으로 그 과정을 즐기기 때문이며, 놀이가 더욱 조직화되고 철저하게 관리될수록 놀이의 정신과 즐거움이 줄어들 것을 우려하였다. 그러므로 운동에서 경쟁적인 활동이 지속되면 지속될수록 즐거움과 기쁨은 그만큼 상쇄될 가능성이 있다는 것을 명심하여야 할 것이다. 이러한 측면에서 스포츠와 같은 운동은 경쟁 활동으로서 그 범주가 가늠되기보다는 자발적이고 즐거운 놀이 활동의 여부에 달려 있다고 할 것이다.

### 4) 경쟁은 인격성을 함양시켜 주는가?

알피 콘에 의하면, 경쟁은 인격을 키우기보다는 건전한 성격발달이나 심리적 안정감에 부정적인 영향을 주고 결과지향적인 인간을 만들기 쉽다고 보았다. 즉, 승패라는 이분법적인 사고의 상호적대감은 개인의 자율성이나 창조성을 억제할 수 있다는 것이다. 그에게 있어서 경쟁은 한 체제 안에 순응하게 하는 로봇을 만드는 기계일 수 있으며, 자신감 또한 얼마나 경쟁적으로 사회에 적응할 수 있는가에 대한 능력으로 인식될 수 있다는 것이다.

만약 경쟁이 인격을 키우고 자신감을 갖도록 해준다면 경쟁을 중심으로 한 운동 안에서 경쟁적인 선수는 인격적인 선수와 동일화할 수 있어야 할 것이다. 그러나 부르스와 토마스(Bruce & Thomas)의 연구에서는 '스포츠에서는 좋은 성적을 올리지 못했으나 인격적으로 매우 훌륭한 선수들' 이 많이 발견되었다. 이러한 선수들은 '정서적으로 매우 안정되어 있어 신경증이 될 만큼 승리에 집착하지 않고 있다' 는 것을 보고하였다(성재상 역, 1995). 승리만을 통하여 자신감을 가질 수 있다면 패배에 대한 좌절감이나 자괴감 또한 피할 수 없을 것이다. 그렇다면 실패는 성공의 어머니라는 말은 사실이 아닌 것이 된다.

"승리는 가장 중요한 것이 아니라 유일한 것이다."라고 말한 미국의 전설적인 롬바르디의 주장은 알피 콘의 관점에서 보면 논리적으로 성립될 수 없는 말이다. 결국 운동의 최종적이고 유일한 목적은 zero-sum 게임에 있는 것이 아니라 win-win 게임으로서 어떻게 협력하여 결과를 함께 성취하였는가에 있을 것이다. 운동의 유일한 목적은 승리가 아니다. 만약 그렇다면 우리는 어떤 수단과 방법을 가리지 않고 이기면 그만인 것이다. 여기서 문제는 어떻게 승리하는가에 있다. 어떤 과정을 통하여 승리에 이르는가의 문제는 즐거움의 정서를 기반으로 한 상호협력과 헌신 그리고 최선의 노력을 담은 과정을 우선으로 한 승리였는가에 있다.

### 3. 기능중심주의는 전인적 인간을 만든다?

몸은 오래전부터 삶에 필요한 기능들과 관련되어 가치 있는 것으로 여겨져 왔다. 특히 현대 자본주의사회에서 몸은 자본과 경제의 주체이다. 과학의 발전으로 몸의 탁월한 기능들이 발견되고 더욱 중요하게 부각되었다. 또한, 운동문화에 있어서도 생리학적, 해부학적, 역학적, 심리학적 지식들에 의한 지식체계들을 가지고 있으며, 여기서 운동을 한다는 것은 이러한 과학적 지식을 동원하여 기술을 익히고, 배운다는 차원에서 이해되어 왔다. 과학적 지식들은 운동감각을 통한 기능들을 더욱 세련화시키고, 이러한 기능들을 더욱 정교하고 탁월하게 만들었다.

우리는 대형 스크린에 전송된 실제 경기들을 관람하면서 인간의 한계에 도전하는 몸의 현장들의 증인이 된다. 그러나 과학기술은 우리를 자유롭지 못하게 하고 구속하기도 하였으며 모든 전통들을 단념하게 하기도 하였다는 하이데거의 관점과 마찬가지로, 운동문화와 기능주의에 대해 비판한 찰스(Charles. J)의 관점을 볼 수 있다.

찰스에 의하면, 현대 체육학은 몸의 기능적 차원에서 과학적인 사고들을 반영하고 있다고 한다(John M. Charles, 1998: 379~388). 그에 의하면 해부학에서는 몸의 구조를 도해하여 살펴봄으로써 몸을 증명하고, 생리학에서는 몸의 기능적 한계를 실험하고 확인하며 그리고 운동학습에서는 운동 전후를 기능적으로 비교한 실험집단을 가지고 모집단으로 일반화하기도 한다. 이러한 기술주의는 몸의 물질적인 측면에 거대한 기술의 위협을 가하는 것이며 인간을 기계로 취급하는 것과 다름없는 것이다. 한편, 몸의 과학적 지식들은 일반적인 운동지식이 되어 과거보다 합리적인 운동방법들을 가능하게 하였다. 운동기능에 관한 연구업적으로는 운동선수를 보다 빨리 움직이게 하였으며, 보다 멀리, 보다 강하게 움직이게 할 수 있도록 그 기능을 확대해 주었다. 또한 일반인들에게는 운동하고자 하는 다양한 요구를 수용할 수 있게 하기 위하여 보다 안전하고 효율적으로 습득할 수 있는 이론적 기반이 되어주었다. 그러나 문제는, 이러한 과학적 설명들이 운동기능만을 다룬 나머지 인간의 몸을 하나의 기계로 인식하게 하는 오류를 범했다는 것이다.

그 어느 시대보다도 현대인들은 운동을 통하여 체력을 증진하고 기술을 향상시키려는 데 지나치게 집착하는 현상들을 보이고 있다. 대표적인 예를 든다면 운동선수의 약물복용과 선수의 저연령화 현상을 들 수 있다. 우선 대부분의 운동선수들이 건강식품으로 위장한 기능강화제의 약물을 음성적으로 복용하며, 운동 기능을 높이려고 한다는 사례들이 늘고 있다. 그것은 운동하는 사람이 자발적인 노력이나 순수한 탁월성의 주체가 되는 것이 아니라 한순간의 기록을 위하여 자신을 포기하는 것을 말한다. 더 나아가 이와 같은 행위는 자신의 미래를 약물이라는 물질에 맡기는 것이라고 할 수 이다.

또한 운동선수의 저연령화 현상을 볼 수 있다. 성장기에 있어서 신체적인 성장발달이 가장 왕성한 시기는 학령기 이전을 포함하여 학령기 초반부라고 할 수 있다. 이 시기는 사회적인 삶을 준비하는 정신적인 성장도 풍부하게 진행되고 감성과 이성 또한 발달하는 중요한 시기라고 할 수 있다. 그러나 기능위주의 체력훈련과 반복적 연습은 이들의 신체적 기능의 비약적인 발달을 성취할 수 있게 하는 반면, 정신적, 사회적 발달은 상대적으로 지체되거나 상실되는 문제에 직면하게 한다. 어린 나이 때부터 오직 승부를 위하여 모든 시간을 투자하고 우수 선수가 되었을 때, 이들에게 운동선수로서의 성공은 적은 확률로 보장될 수 있겠지만 참다운 인생의 성공은 장담하기 어려울 것이다.

흔히 교육의 목적으로 전인교육을 강조하고 있다. 그러나 운동선수의 훈련이나 특히 학교체육 수업내용을 볼 때, 우리는 기능적인 측면에 지나치게 치우쳐 있다는 것을 알 수 있다. 지난 5월 학교체육계에서는 체육수업평가 방법에 있어서 위계적 평가에서 성패식 평가로 바뀐다는 당황스런 소식을 접하게 되었다. 현실적으로 턱없이 부족한 수업일수와 열악한 교육환경에는 어떠한 해결의 노력도 없이 단지 평가방법을 성패로 한다는 것은 많은 문제가 있다. 즉, 그 평가 기준에 대한 애매성과 당초 해결하려고 하였던 사교육비 해결에 대한 문제와는 배치 된다는 비판의 소리가 높다. 최의창(1999)은 이러한 문제들을 풀어가기 위하여  가장 중요한 역할을 할 수 있는 사람으로 교육현장에 있는 체육교사와 지도자라고 말한다.

그에 의하면, 체육교사는 철학적, 지식적 그리고 기능적으로 연구가이며 동시에 전문가인 체육전문 지도자가 되어야 할 것을 당부하고 있다. 좀 더 구체적으로 보면 일상적으로 생각하는 운동기술에 대한 '하는 기능' 의 차원은 운동을 이해하고 세상을 바라볼 수 있는 넓은 안목과 사고방식에 대한 '보는 기능' 의 차원으로 더욱 발전되어야 한다는 것을 강조하였다. 이러한 관점에서 이 시대에 진정한 포정의 등장이 시급한 현실이라는 그의 견해는 현재의 운동문화에 대하여 간접적으로 비판한 것이다(최의창, 1999: 10~16).

어떤 측면에서 인간은 다른 동물보다 더욱 빨리 달릴 수도 없으며 더욱 높이 뛸 수도 없고 더욱 강하지도 못하다. 그러나 인간의 움직임이 다른 동물의 것과 구별될 수 있는 것은 인간의 신체적 활동을 인간의 의지와 인식을 포괄하는 정신적 활동을 반영하고 있기 때문일 것이다. 만약 한 운동선수에게 있어서 철학이나 가치관이 없다면 잘 단련된 종마 또는 자동화된 로봇과 다름이 없을 것이다. 그러므로 체육이나 스포츠와 같은 운동은 분명 정신적인 신체활동이며 여기서 정신적 속성이 간과된 맹목적이고 기계적인 활동은 몸의 물질적 속성만을 부각시키는 것이라고 볼 수 있다.

일반적으로 운동이나 스포츠 행위를 서양의 심신 이원론적 측면에서보면 단순히 정신적인 측면과 상반되는 신체적인 활동으로만 생각하는 경우가 많았다.[2] 운동은 몸과 마음이 함께 움직이는 문화적 활동이다. 또한 스포츠문화의 진정한 가치는 정신적 가치와 생물학적 가치의 이상적인 조화에 있다. 우리는 그러한 사람을 오래전부터 전인(全人)이라 불러왔다. 그러나 이러한 가치들의 불균형이 심해질수록 전인은 우리와 더욱 멀어질 뿐이다.

운동기능에 집착한다는 것은 학교체육이나 생활체육 그리고 엘리트체육에 있어서 우리의 몸을 운동하는 기계로 만들 수 있다는 것을 의미한다. 또한 운동하는 즐거움을 운동하는 삶으로부터 점점 소외시킬 수 있음을 말한다. 그러므로 우리는 기능적일 뿐만 아니라 윤리적이고 예술적인 인간 움직임으로써의 운동문화를 되찾을 수 있는 다각적인 길들을 모색해야 할 것이다.

## 역사로 읽는 운동문화 • • •

문화의 본질에는 단순한 모방과 생각뿐 아니라 동시에 무엇을 어떻게 해야 한다는 목적의식과 가치의식이 수반된다. 비록 원시생활을 하는 사람들의 생활문화에서도 물질적인 것과 기술적인 것에 만족하지 않고, 동시에 항상 집단 공동체 생활을 위한 윤리적인 것과 보다 나은 것, 아름다운 것을 추구하는 미적인 것에 관심을 가져왔다(진교훈, 1982: 156). 스포츠와 같은 운동은 일정한 형식과 규칙을 갖는 신체활동으로써 인간의 역사 속에서 계승 · 발달된 문화적 산물이며 가치 의식적인 활동이다.

현대 스포츠문화는 운동문화의 가치회복을 위하여 스포츠 활동 양식에 내재되어 있는 문화적 가치체계를 올바로 정립하는 일이 필요하다. 운동문화는 다양한 스포츠 활동 속에 내재된 가치들만큼이나 다양한 가치들을 가지고 있다. 이러한 다양함을 크게 세 가지로 나누어 본다면, 기술문화와 윤리문화 그리고 예술문화를 들 수 있을 것이다(김성동, 2003: 48~55). 이러한 문화의 영역들은 스포츠문화 안에도 반영되어 기술문화가치와 윤리문화가치 그리고 예술문화가치들이 그 영역을 이룬다.

세 가지 영역들은 서로 개별적으로 나뉘어 있는 것이 아니라 끊임없이 상호작용하며 완성되는 것이다. 예를 들면 스포츠와 관련된 기술문화는 문화적 완성을 위한 도구적 관점에서 이해할 수 있다. 여기서 운동이나 스포츠 활동을 위한 기술문화는 다른 관점에서 문화

2) 스포츠문화에는 정신과 신체의 구분에 익숙한 현대인의 사고방식이 투영되어 있다. 일반적으로 스포츠는 신체문화의 하위영역으로서 '신체적' 탁월성을 겨루는 것으로 이해된다. 이렇게 바라보면 스포츠는 정신과 신체의 이분법 속에서 신체성을 특징짓는 것으로 제한될 수 있다. 여기에는 플라톤과 데카르트에 의하여 대표되는 인간의 본성을 정신성 또는 이성에서 구하고자 하는 사고방식이 바탕에 깔려 있다고 할 수 있다. 정응근, 2003. pp.59~60.

활동의 객관적 산물로써 나타나는 스포츠의 기술문명을 이루기도 한다. 여기서 무엇을 위한 도구라는 것은 무엇이라는 그 활동의 본질이 따로 있음을 말해주는 것이기 때문에 기술문화 안에는 운동문화의 윤리적 가치가 내포되어 있다고 할 수 있다.

앞 절에서 논의한 운동문화에 나타나는 현대적 신화들은 스포츠의 가치회복에 대한 필요성을 말해주고 있다. 건강에 관한, 승리에 관한 그리고 기능에 관한 우리의 일반적인 사고는 문화적인 강박관념으로 인하여 애초의 목적을 이탈하게 되었다. 건강에 대한 집착으로 사실상 건강하지 못한 강박적인 사고와 생활, 경쟁하기 위하여 수단과 방법을 가리지 않는 승리지상주의의 피할 수 없는 부작용이 나타나고 있다. 그리고 기능만을 강조하는 동안 전인으로서의 성숙됨을 포기해야만 하는 현실적 상황들을 그 예로 들 수 있다. 이러한 문화는 우리에게 진정한 문화적 가치가 무엇인가에 대한 물음을 더욱 절실하게 한다.

스포츠에 있어서 회복되어야 할 문화적 가치라면 기술의 발전으로 인해 지체되어 왔던 윤리 문화적 과제를 말한다. 문화적 측면에서 볼 때 스포츠는 규칙준수나 기술의 연마 혹은 극기의 자세를 익힘으로써 한낱 흥미나 만족에 머무르지 않았다. 모든 기술과 기능은 윤리적인 규범 안에서 가능하였으며, 신체활동을 통하여 예술적 감동이나 종교적 영감을 얻고 체험한다는 것을 이미 알고 있었다. 그러나 일반적으로 운동문화가 상품화되어감에 따라 선정주의나 쾌락주의에 오염되는 것을 막을 수 없었으며 스포츠도 이에 편승하여 본래의 문화적 가치를 상실하게 된 것이다.

최첨단 과학기술이 스포츠과학의 비약적인 발전을 이끌었다는 것은 분명한 사실이다. 운동에 관한 생리학적, 해부학적, 심리학적, 역학적 지식들이 스포츠의 경기력 및 기록 향상에 지대한 공헌을 하였다. 이러한 노력들은 기술문화에 해당되는 것이라고 할 수 있다. 기술문화가 급속도로 발전할수록 어떠한 기술을 어떻게 이용하고 사용할 것인가에 대한 개인의 판단과 결정의 범위가 더욱 넓어지게 되고 이에 대한 윤리적인 사고의 폭도 더욱 발전되어야 하는 것은 당연한 일이다. 기술문화와 버금가는 윤리문화의 자리가 존재하고 있는 것이다. 우리는 과연 기술문화에 버금가는 윤리문화의 요구를 충족하였다고 확신할 수 있는가?

적어도 이 물음에 대하여 기술세계에 대응할 만한 윤리적 전략을 피할 수는 없을 것이다. 요나스(Jonas. H.)는 기술이 지배하는 오늘날의 세계를 불안한 것으로 인식하고 "인간은 오늘날 기술과학이라는 '위험지대' 안에서 살고 있다."라고 피력하였다. 그러나 기술을 포기해서는 안 되며 오히려 무한히 발전해나가는 기술로부터 유래될 수 있는 위험을 예방하기 위하여 우리에게 맞는 새로운 윤리를 찾아야 한다고 역설한다(심용만, 2002: 198).

가치 혼란의 사회라고 불리는 현대사회 안에서 스포츠과학의 시대에 들어선 우리의 운동문화는 운동하는 인간의 윤리적 주체로서의 자리 매김이 중대한 과제가 되고 있다. 이러한 시대 상황에서 시인 박노해의 '사람만이 희망이다.' 라는 표현은 운동문화와 관련하여 유효한 시사를 제공한다. 운동하는 사람의 윤리적 가치수준에 따라서 운동문화는 인간적인  문화 차원으로 발전될 수도 있으며, 반대로 비인간적인 문화 차원으로 추락할 수도 있다.

지금 운동에 관심이 있고 운동을 원하는 그리고 운동을 하고 있는 사람이라면 우리가 어떤 문화를 진정으로 원하고 있는가에 대하여 귀를 기울여야 할 것이다. 이제 우리는 운동문화를 통하여 어떤 가치를 선택할 것인가?

# 제4장
## 여가문화의 변천과 성찰

여가는 역사적으로 그 개념이 정의되기 이전부터 인간의 삶의 중요한 부분이었고 사회적, 경제적 배경과 깊은 관계를 가지고 변화해 왔다. 특히 산업혁명 이후 기계화, 자동화, 분업화의 특성에 따라 일과 여가의 명확한 시간적 구분이 가능해졌으며 더 나아가 여가를 인식하는 대중의 의식도 진일보되어 왔다. 이러한 차원에서 여가는 자유 시간(free time)을 의미하는 시간개념으로서의 여가, 여가 활동(leisure activity)의 다양한 내용을 의미하는 활동개념으로서의 여가, 정신 상태나 자유로운 마음의 상태를 의미하는 의식 상태로서의 여가 그리고 자기발전의 향상을 가져올 수 있는 가치 있는 개념으로서의 여가 등으로 발전되어왔다고 볼 수 있다.

현대사회는 대중을 위한 여가문화시대라고 할 만큼, 여가 생활은 현대인의 생활에 깊숙이 파고 들어왔다. 그러나 현대자본주의와 상업주의의 영향으로 여가는 현대인이 소비해야 하는 하나의 문화산업으로 급속하게 성장하여 여가를 어떻게 보내는가의 소비의 대상이거나 어떤 여가활동을 하느냐에 따라 경제적 지위나 자기 과시를 표현하는 수단이 되고 있다. 또한 소위 선진국형의 여가활동 유입이 올바로 우리 사회에 정착되어 발전되고 있는가에 대한 문제 역시 간과할 수 없는 부분이다. 과연 웰빙 시대에 걸맞게 우리 삶의 질을 높여줄 수 있는 여가는 어떻게 찾을 수 있는가? 우리에게 건전한 정신상태와 자유로운 마음가짐으로 창의로운 삶을 위하여 개척할 수 있는 여가의식의 정착은 우리에게 시급한 문제가 되었다.

그라지아(De Grazia)는 60년대 중반에 "여가가 무엇인지를 알지 못하면 여가라는 것은 존재할 수 없으며 여가를 사용할 줄 모름은 한 국가의 평화와 번영을 위태롭게 한다."라고 주장하였으며, 노만 코우신스(Norman Cousins) 또한 "현대인에게 여가의 증대는 옛날의 빈곤이나 기아 따위 같은 재앙보다 더 무서운 저주가 될 수 있다."라고 말했듯이 여가문화의 역할이 미래사회에 중요한 과제가 됨을 부인할 수 없을 것이다.

이러한 과제는 곧 우리의 공동책임을 의미한다. 그러나 현재 우리의 여가문화 안에서는 여가의식의 부족과 서구문화 수용과정에서 상실된 우리 전통놀이의 상실 그리고 구체적인 여가교육 방안의 부재 등으로 여가문화에 대한 과제와 책임을 실천하는 데 적지 않은 한계에 부딪히고 있다. 그러므로 이 글의 목적은 바람직한 여가문화의 정착과 발전을 위하여 우리 여가문화의 변천과정과 문제점을 반성해 보고 앞으로의 역할 및 과제를 제시하는 데 있다.

## 우리 여가문화의 변천 과정 • • •

근대화 과정에서 서구의 합리주의는 이성적인 잣대에 의하여 문화를 다시 제작하기 시작하였다. 현대인은 그 안에서 합리적인 것들은 받아들이고 비합리적인 것은 제거하였다. 즉, 근대화되지 않은 여가활동으로서의 주술적인 활동이나 미신적 전통들은 역시 비합리적인 것으로, 우리 것임에도 불구하고 버려져야만 했다. 그러므로 우리 민족의 정체성을 찾을 수 있는 것임에도 불구하고 비합리적이라는 이유만으로 우리 여가문화에서 배제되어야 했다.

그러나 서구문화를 수용하는 차원에 있는 모든 문화권 내에는 일단 형성된 어느 한 민족의 원형은 결코 변하지 않는다는 문화인류학적인 견해(김문환, 1994: 103~104)에서 알 수 있듯이 기존의 전통문화를 가지고 있다. 그렇기 때문에 우리 여가문화의 변천과정 안에는 전통 문화적 차원과 서구 문화적 차원이 공존하고 있다고 할 수 있다. 또한 한국사회의 근대화의 발전과 현대화의 과정에서 많은 부분들이 서구문화의 지대한 영향을 받고 있기 때문에 우리 여가문화에 대한 현실적인 진단을 위해서는 서구사회의 여가문화와 전통사회의 여가문화를 함께 고려해 볼 필요가 있다.

## 1. 서구사회와 여가문화

여가문화의 발달은 고대 그리스 시대부터 비롯되었으나 과학의 발달 이전에는 신과 자연환경에 구속되는 경우가 많았다. 즉, 이 시기의 여가문화는 불변적이고 절대적인 의미를 가지고 소수 특권계층을 중심으로 발전되었고 문화 창조에 기여할 수 있는 여가를 중시하였다. 그러므로 직접적으로 접촉하는 생산노동은 열등한 것으로 취급되었고 상대적으로 정신적인 가치를 창출할 수 있는 여가는 우월한 것으로 정당화되었다. 특히 르네상스기에 인간중심적인 문화를 누려왔던 유럽 상류 사회의 봉건귀족계급은 고급여가문화를 발달시키고 일에 대한 부정적인 관점을 조성하였다고 할 수 있다. 그러나 종교개혁 이후의 일의 의미는 도덕적이고 금욕적인 의미로서 새롭게 부각되었고 루터와 칼뱅에 의하여 근대적인 노동관이 제시되고 근대자본주의가 요구하는 기반을 확보하며 사회적인 가치로서 일의 의미가 자리 잡게 되었다.

18세기부터 시작된 산업혁명기의 기계공업은 현대적인 의미의 자본주의적 생활주기를 만들어 주었으며 노동시간과 비 노동시간을 명확하게 구분 짓게 하였다. 노동시간이 길어지는 것에 대하여 작업시간 단축의 운동이 전개되었고 표준 노동일이 정해짐과 동시에 여가시간은 증대하게 되었다.

이러한 배경하에서 여가문화는 전통적인 특정계급의 여가성격과는 질적인 차이를 가지고 단순히 산업노동을 위한 기력회복의 목적을 지향하였다. 또한 이 시기의 일상의 가치체계는 과거의 전통적

봉건주의나 세습적 귀족주의가 아닌 개인주의, 업적주의, 성취주의, 경쟁주의의 자유주의 문화로 확산되었다. 이러한 가치들은 자본주의 가치에 기반을 두고 재화와 용역을 생산해야 하는 생활경제인의 질서로 정당화되었다.

그러나 18세기 후반에 자본주의의 발전과 함께 자본가의 절제되고 검소한 생활이 대대적인 사치와 낭비로 변화되었고 여가문화 역시 신분과시 효과에 지나지 않았다. 오히려 과거의 창조적인 여가문화에 비하여 지체되었으며 일반인들의 여가문화 역시 원초적이고 단순한 방식으로 스트레스 해소와 기분전환의 의미, 그 이상을 기대할 수 없었다.

20세기 선진자본사회에서 일어난 가장 큰 변화라고 한다면 과거의 일 중심의 생활양식이 여가 및 소비 중심 생활양식으로 전환하였다는 것이다. 자본주의의 대표주자인 미국의 경우 여가시간의 증대를 위한 여가정책에 힘을 기울여 왔으며 1960년대에는 근로자 및 도시하층민의 여가소비경향까지도 증대한, 여가의 호황기를 맞게 되었다. 그러나 여전히 대중적으로 상업화된 매스 미디어를 통하여 다양한 여가상품을 접하게 되며 사치스럽고 낭비적인 소비경향을 갖게 되었다고 볼 수 있다.

이러한 서구사회의 여가문화의 특징은 이러한 문화를 유입하고 수용하는 국가들에서 공통적으로 나타난다고 볼 수 있다. 왜냐하면 현대인의 삶은 보편적인 경제 원리로 확고히 자리 잡은 자본주의적 시장논리 안에서 생활권을 보장받을 수 있기 때문에 드러나는 그 안에서의 여가문화도 공통적인 특징을 나타낼 수밖에 없게 되었다.

현대 선진 자본국가에서는 이미 증대된 여가인구에 대한 여가정책을 확대하고 있다. 로젝(Rojek)은 이러한 과정에서 나타나는 여가의 특징을 상업화, 개별화, 온순화, 국제화 등을 제시한 바 있다(1985: 18~23). 그러나 이러한 특징을 통하여 우려되는 것은 여가가 상품화되어 소비대상으로 전락할 수 있고, 공동체 의식을 외면한 지나친 이기주의, 여가에 대한 수동적인 참여 그리고 여가활동의 획일화 등이다.

### 2. 한국사회와 여가문화의 변천

고대 부족사회에서는 일종의 제의적 성격을 띤 여가행사가 있었으며 농경문화의 추수감사제와 같은 국가적 축제가 성행하였다. 《삼국지》의 위지동이전을 보면 상고시대의 제사나 제천행사는 신명을 바탕으로 남녀노소, 상하의 구별 없이 모두가 먹고, 마시고 놀면서 그동안의 쌓인 감정을 마음껏 발산하는 마당임을 알 수 있다. 이는 당시의 사회가 혈연집단 중심의 원시공동체 사회이어서 지배계급과 피지배계급의 구분 없이 공동으로 생산하고 소비하며 즐길 수 있었기 때문에 가능한 것으로 보인다(오순환, 2000: 120). 또한 제사권과 통치권이 분리되고 지배계급과 피지배계급의 계층분화현상이 나타난 삼국시대에는 주로 상류층에서 사교적인 여가형태가 이루어졌다. 고려시대에는 비교적 안정된 생활 속에서 팔관회와 같은 국가적 불교행사가 성행할 수 있었기 때문에 대부분의 사람들이 호화로운 연회와 유희를 즐길 수 있었다.

조선시대에는 유교문화와 사농공상의 사민제도와 같은 신분사회문화의 영향으로 육체노동과 정신노동 간의 분업이 엄밀히 구분된 사회구조를 가지고 있었다. 조선사회의 여가문화는 유림들의 자연의 아름다움에 대한 동경과 낭만적인 여행을 즐겼고 신분에 따른 한가한 여가생활이 보장되었다. 하지만 유교적 예법을 앞세워 감정적인 여가를 억압했던 조선의 유학자들은 개방된 공간에서는 규범적 여가를 즐기며 폐쇄된 공간에서는 음주의 쾌락이나 첩과 기생을 제도화하여 성적 쾌락을 추구하는 본능적 여가를 즐기는 이중적 여가문화의 특징도 알 수 있다(오순환, 2000: 128). 조선 후기에는 실학의 등장으로 서민의 농경놀이문화가 발달되어 집단놀이와 대동놀이가 여가문화를 대표하게 되었다. 이러한 전통적 여가문화는 종교적으로 신분적으로 그리고 지역적인 구속성의 의미가 있다. 특히 지역적으로 마을공동체의 노동생활과 농경문화의 계절에 따른 공동체의 인습성향을 강하게 반영하였다.

공동체적 놀이는 참가자들로 하여금 놀이가 끝난 후에도 그 공동체를 지속시키려는 경향이 있기 때문에(호이징가, 1995) 후대로 갈수록 종교적인 놀이가 오락적인 놀이로 정착되기도 하였다. 예를 들면, 농사일을 쉴 때는 농촌의 놀이로서 세시풍속으로 행하는 마을굿과 농사일을 하면서 놀이하는 두레굿을 들 수 있는데(임재해, 1995) 현대에는 이러한 전통이 지역적 축제와 세시풍속형 민속놀이로 정착되었다.

구한말 이후, 서구와 일본의 영향을 받은 대부분의 신지식인들 층은 전통문화는 봉건적이라는 이유로 부정하고 동시에 일반 기층민의 문화가 비합리적이고 미신적이라는 이유로 부정하게 되었다(김한초, 1991: 276). 즉, 이 시기의 문화는 그 정체성을 잃은 채로 무분별한 서구문화의존과 같은 그릇된 풍조를 가지게 되었다. 해방 이후 1960년대 초까지는 6·25 동란으로 인하여 정치적, 사회경제적 악순환을 거듭하면서 여가문화는 국가의 정책사 안에서 밀려나게 되었다. 더욱이 산업화의 경제상황에서 나타나는 대량적인 이농현상은 전통적이고 지역적인 전통놀이의 계승보다는 도시의 무질서한 여가형태를 형성하였다. 또한 1970년대에 들어 본격적인 경제개발정책 이후에 전통문화와 서구문화의 단절 속에서 전통문화의 일정한 견제가 없는 외래문화가 수용되었다. 현대 물질문명의 풍요로움은 일반 대중의 여가활동을 자극하기 시작하였고 21세기에 돌입하면서 오락 및 향락산업이 급증하게 되자 이에 부응하는 올바른 여가선용의 사회적 요청이 더욱 요구되었다. 이제는 주 5일 근무제가 시행되면서 늘어난 여가시간에 어떤 활동을 할 것인가 모두가 고민하게 되었다.

## 우리 여가문화의 특징 및 문제점 • • •

우리의 현재는 과거의 문화와 미래의 문화가 만나는 통시적 차원에 있음과 동시에 동시대의 다양한 문화권들을 아우르는 공시적 차원에 있다. 우리의 여가문화의 전통성과 현대성의 갈등, 그리고 화해의 통로에서 보다 더 잘 이해될 수 있을 것이다. 우리의 갈등은 단절된 양단의 문화적 차원에 있다. 즉, 전통성에 의하여 현대성이 정착된 것이 아니라 전통성과 단절된 서구의 근대성의 유입으로 인하여 기층문화와 새로운 문화와의 융화가 절실하게 요청되고 있다. 이 글에서는 전통성을 중심으로 여가문화의 특징을 살펴볼 수 있었으며, 우리 여가문화의 문제점으로는 전통성과 단절된 현대성을 중심으로 살펴보았다.

### 1. 우리 여가문화의 특징

전통적으로 우리는 오랜 역사 속에 복합문화와 종교를 바탕으로 독특한 문화를 발전시켰고 오랜 농경문화에 연원을 둔 놀이문화가 발달되어 전래되고 있다(윤창운, 1997: 43). 우리 여가문화는 농경문화와 불교문화 그리고 유교문화를 중심으로 자연 회귀적이며, 제의성이 강하고, 공동체이고, 규범적인 보수성 등을 특징으로 들 수 있다(김사헌, 1997; 윤사순, 2000).

농경사회에서는 사람이 일하고 쉬는 것이 자연에 순응하고 계절의 변화에 따라 좌우되었다. 이는 역행할 수 없는 절대적인 것이기 때문에 농사를 지으면서 풍년을 빌고 풍성한 수확을 거둬 신이나 조상에게 제사를 드리고 축제를 행하였다. 즉, 삼국시대부터 전해 내려오는 석전, 씨름, 활쏘기, 줄다리기, 고싸움놀이, 사자놀음, 수렵, 차전놀이 등은 풍년과 부락민의 공동체적 결속을 다지기 위한 전통놀이이다.

불교문화에서는 주로 법회나 각종 행사를 중심으로, 특히 고려시대에는 팔관회, 탑돌이 등이 있었으며 서민을 중심으로 한 놀이문화는 나타나지 않고 있다. 종교적인 제의성을 강하게 띤 이러한 여가는 가무와 음주를 금지하고 불교 관련 행사는 오직 내부적인 행사로서 대중화될 수 없었다. 또한 유교문화에서는 유교가 중국의 국가통치와 일상생활, 규범적인 가치와 방향을 제시하였으므로 삼국시대 이후, 유교의 덕목들은 기본생활지침이 되었으며 심신수련과 교양을 위한 六藝(禮, 樂, 射, 御 書, 數) 중에는 활쏘기[射], 말타기[御], 악기다루기[樂]가 포함되어 있어 실내나 야외에서 친목을 도모할 수 있었다. 그러나 유교사회는 철저한 신분제 사회였으므로 신분에 따른 다양한 계층문화가 형성되었고 세시풍속에 따른 놀이나 여가활동은 제한적으로나마 가능하였다. 즉, 상류층인 양반은 조용하고 소극적인 단풍놀이, 연꽃놀이 등을 즐겼고 농민계층은 세시풍속과 굿놀이외에 농악, 씨름, 연날리기, 널뛰기, 물놀이, 석전, 차전놀이 등의 경기가 대표적이다(윤창운, 1997: 47).

이러한 농촌문화와 불교 그리고 유교는 기존의 관습과 도덕 안에서 규범적인 여가활동을 강조하였다. 또한 사회문화적 배경에서 나타나는 또 다른 특징으로는 여가 활동 종류의 범위가 좁다는 것이다. 예를 들어 세시풍속의 여가놀이는 널뛰기, 연날리기, 윷놀이, 그네, 씨름, 강강술래, 농악, 탈춤 식으로 거의 틀이 잡혀 있다는 것이다. 오히려 '놀이패'는 천민들의 몫이었고 점잖게 풍류를 즐기는 것은 양반이나 사대부들의 몫이었다(김사헌, 1997: 203).

## 2. 우리 여가문화의 문제점

현재 우리가 누리고 있는 현대 여가는 근대산업화의 산물이라고 할 수 있다. 1960년대의 한국의 근대화와 1970년대의 경제발전은 삶의 양식이 자동화, 기계화, 전문화되었다. 여가문화는 더욱 상업성에 의존한 나머지 몇 가지의 문제점을 나타내었다.

우선은 여가문화에 대하여 수동적이고 막연한 여가의식이다. 한 예를 든다면, 1990년 조선일보(5월 21일자) 기사에 실린 내용을 보면 당시의 여가문화에 대한 추세를 보다 잘 알 수 있다. "근면과 가무의 양면성을 지닌 한국인은 70년대와 80년대 중반까지 희생했던 인생을 한꺼번에 만회하려 발버둥치고 있다. 특히 30대 이하 직장인들은 무엇을 이루어내기 위한 거창한 목표보다는 어떻게 인생을 즐길 것인가에 더 비중을 둔다. 따라서 즐기기 위한 시간은 금이며 여가시간 확보의 필수요건인 정시출퇴근, 연월차 휴가 사용이 다른 무엇보다 우선한다." 이러한 사실은 자생적이고 자율적인 여가의식 없이 우선 시간적, 금전적으로 여가시간을 확보하는 데 모든 관심을 기울이는 여가가 되기 쉽다는 것이다.

이러한 경우 여가시간이 허락되더라도 또 다른 노동을 위한 수단으로써 휴식의 좁은 의미의 여가관이 지배적일 수 있다. 이러한 여가의식의 배후에는 구한말 이후 급격한 사회변동을 겪으면서 여가의 욕구를 세련되게 승화시킬 수 있는 충분한 여유를 갖지 못한 점을 반영하고 있다. 또한 경제적으로 본격적인 경쟁자본주의의 단계를 거치지 못하고, 또한 서구 중심의 독점자본주의를 거부하지 못한 채 제1의, 제2의 IMF를 맞이하고 있는 것이 우리의 실정이다.

둘째는 여가문화의 계층분화현상을 들 수 있다. 상업적인 여가문화는 오락적이며, 향락적인, 또는 소비적인 형태로 다루어질 수 있는 하나의 상품이다. 상품은 소비할 수 있는 경제적 능력에 따라 상류와 하류의 '계층분화'를 야기시킬 수 있으며 계층을 구분할 수 있는 획일적인 여가활동이 상징적인 계층코드가 됨을 짐작할 수 있다.

셋째는 여가문화의 획일화현상이다. 이미 과거보다 다양한 여가활동이 존재한다는 것은 새롭게 알려진 서구의 여가문명의 다량적인 유입을 의미한다. 그러나 이러한 다양한 여가활동에도 불구하고 많은 매스 미디어를 통해 서구적인 여가활동을 중심으로 획일화되어 대중적으로 정착되어 많은 사람들이 똑같은 여가행위를 일률적으로 한다는 점을 들 수 있다. 그래서 우리는 우리의 여가문화를 기억하기 전에 서구스포츠나 서구의 놀이문화에 더욱 익숙하게 되었다.

넷째는 여가문화에 있어서 전통성의 소외현상이다. 서구의 독점자본주의는 기층문화에까지 파고 들어와 기존문화 대신 서구문화를 이식하는 중요한 문화제국주의자의 역할을 담당해 왔다. 문화에서의 제국주의는 비서양에 대한 서양의 적극적 지배의 세계를 적극적으로 추진하는 과정을 의미한다(박홍규, 2003: 305). 현대인의 가치관조차도 선진국의 합리적인 가치관을 표방하고 근대적인 오락성

(생산을 위한 휴식이 될 만한 즐거움)을 여가생활로 착각하는 많은 경우의 수가 생긴다는 것이다. 이러한 오락성에 밀린 전통적인 여가관은 서구의 합리적이고 과학적인 기준에 의하여 열등하다는 대중적 인식을 갖게 하였다. 제의적이고, 공동체적인, 세시풍속적인 우리의 전통적 여가활동은 '한국학' 이라는 특정 영역에서 연구될 만큼 일상적인 삶과 분리되어 있는 골동품들이 되었다.

## 우리 여가문화의 역할 및 과제 • • •

아무리 풍부한 자양분을 공급받는다고 해도 뿌리 없는 나무가 훌륭한 열매를 맺을 수 없는 것과 마찬가지로, 전통의 기반 없이 서구문화의 수용만으로 우리 여가문화는 발전할 수 없다.

### 1. 전통여가문화의 보존

일제 치하 36년, 광복 이후 혼란기, 6 · 25 전쟁 이후의 혼란기 속에서 무분별한 서구문화가 도입되었다. 그러므로 지난날의 미풍양속에 바탕을 둔 우리 여가문화의 뿌리에 대한 전통여가문화의 정체성을 확립하는 것이 시급한 과제이다. 우리는 현재의 시점에서 전시대의 여가문화에 대한 자료를 수집하고 철저하게 검토하는 것은 현대 여가문화에서 발견되는 모순을 해결하고 새로운 전통의 방향을 정립하는 길이다.

둘째의 과제는 우리가 살고 있는 동시대의 여가문화를 객관적으로 탐구하고 분석하는 일이다. 전 시대의 전통여가문화가 현대에 어떻게 계승되고 변형되며 단절되었는가를 파악함이 필요하다. 현재 상태의 여가문화에 대한 철저한 조사연구는 앞으로의 반성과 비판의 참고가 되는 귀중한 자료적 가치가 될 것이다.

셋째는 우리의 전통여가문화와 현대문화뿐 아니라 다른 문화권 안에서의 여가문화를 비교, 연구하는 것이다. 우리의 전통여가문화를 다문화적 관점에서 개방적인 태도를 가지고 특수성과 보편성을 갖기 위해서는 다른 여가문화의 이해가 필요하다.

## 2. 전통여가문화의 재창조

여가는 오락이나 즐거움의 기능을 포함하여 일 못지 않게 새로운 것을 생산하고 문화를 창출할 수 있는 시간이 되어야 하는 인간성 회복의 역할을 해왔다. 우리의 현대적 여가는 전통적 여가의 현대화이기보다는 서구 여가문화의 한국화에 가깝다. 그러므로 우리는 전통 여가문화의 의미를 재해석하여 현재와 미래 사회에 맞게 전통적 여가활동을 세련되고 정교하게 전문화하는 작업이 필요하다. 이러한 차원에서 전통여가교육의 확대는 매우 중요한 역할을 할 것이다.

현대인에게 전통여가교육은 여가의식의 올바른 정립을 위하여 학교에서 필수적인 내용으로 채택되어야 하며 우리 문화에 대한 이해를 바탕으로 건전한 여가활동으로 실천될 수 있도록 개선되어야 할 것이다. 전통 여가문화의 개발은 그 가치기준과 내용들이 구체적으로 일상적인 삶의 리듬 안에 포함되어야 한다. 다시 말해서 우리 고유문화에 맞는 여가의식과 여가양식을 창조하는 것은 후대가 누려야할 전통적 유산을 준비하는 일이며 미래 여가의 중요성을 정당화시킬 수 있는 방법을 제공해 주기 때문이다.

## 역사로 읽는 여가문화 • • •

여가의 문제는 '자유'와 인간의 '실존적 삶'과 밀접하게 관련되어 있다. 호이징가(Huizinga)는 근대적 인간상으로 정립된 바 있는 '호모 파베르'의 인간관을 오히려 '호모루덴스'의 인간관으로 재정립하면서 그동안 근로의 미덕에 묶여 있던 인간의 자율적인 즐거움을 삶의 중요한 부분으로 각인시켜 주었다.

그러나 이러한 각인은 여전히 우리 여가문화에 과제로 남겨졌다. 왜냐하면 우리 여가문화의 변천과 서구 여가문화의 유입과정에서 파생된 문제들에 의하여 전통성과 현대성의 단절과 자본주의 경제논리에 의한 상업적 수단인 상품으로 전락하였기 때문이다.

우리에게는 어떤 여가문화가 존재하고 있는가? 우리에게 오랜 역사적 전통과 문화유산이 있음에도 불구하고 현재 우리는 서구화된 여가문화를 선진적인 것으로 우선적인 가치를 두고 있다. 서구 문화 속에서 다량으로 유입되고 있는 여가문화는 성숙된 여가의식을 간과하고 단순한 오락적 활동과 상업적 전략으로 우리의 삶을 '현대적인 삶'으로 지배하고 있다.

성숙된 여가의식은 기존의 과거와 단절되지 않은 전통의 이해와 반성에 의하여 자리 잡을 수 있다. 그러므로 우리 여가문화에 대한 반성적 성찰은 우리 여가문화에 대한 전통성과 현대성의 단절이라는 문제점을 인식하게 하고, 전통여가문화의 보존과 재창조라는 향후 과제를 남겨주었다. 앞으로 전통여가문화 연구를 통하여 여가학뿐 아니라 우리의 체육문화, 스포츠문화, 운동문화 역시 재조명될 수 있는 지속적인 연구들이 이어져야 할 것이다.

# 제5장

## 미군정기 체육과 비판적 역사인식

식민지 지배하에서 해방을 맞이하게 된 한국인들은 해방군을 자처하는 미군청의 지배를 받지 않을 수 없었다. 미군정은 한국인들에 대한 지배와 종속을 강화시키기 위해서 교육정책에 주된 관심을 두게 되었다. 한국 실정에 어두운 그들은 자신들의 지배 논리를 강화하기 위한 목적으로 일제식민지 시대의 교육 관료들과 교사들을 재임용하는 교육정책을 실시하였다. 민주주의 교육을 자처하는 교육정책은 존 듀이의 교육철학을 학교에 적용하려는 시도였다. 진보주의 교육 이념을 한국인들에게 적용하였지만 형식적인 목적 일뿐 비민주적인 교육 형태가 그대로 재현되어 나타나게 되었다.

지금 한국인들이 교육받는 정책, 행정 등 교육 전반이 미군정기 때 입안된 것을 그대로 사용하고 있다. 일본의 식민지 지배교육에 이어서 또 다시 미국의 식민지 지배교육을 받게 되었다. 미국 역시 지배와 종속을 강화시키기 위한 목적으로 학재를 개편하고 미국식 교육을 도입하여 교육을 실시하였다. 이러한 교육제도는 지금까지 이어지고 있으며 한국인의 교육목적과 목표, 내용, 방법을 모색하지 못하고 과거에로의 답습을 거듭 재현하고 있을 뿐이다.

이 글은 미군정기 3년간의 체육목적 및 목표, 방법, 내용들을 재검토하여 한계를 찾아내고 대안을 모색하려는 데 의미를 두었다. 반성적 인식을 통하여 무엇이 잘못되었는지에 대한 이해가 있어야 한국인들의 학교체육정책을 올바르게 구현할 수 있을 것이다.

지금도 미국의 영향하에서 벗어나지 못하고 있는 한국인들은 미국식 교육체제에 의하여 문화적 종속을 재현하고 있다고 할 수 있다. 따라서 이에 대한 검토도 필요하다. 이하에서 미군정 시기의 학교체육의 목적 및 목표, 방법, 내용을 중심으로 반성적 인식이 이루어질 것이다.

## 미군정기 체육의 반성적 인식 •••

친미적 성향을 가진 자유주의자 또는 보수주의자들이 한국교육위원회와 조선교육심의회를 통해 한국인 교육주도세력으로 부각되었다. 그들은 한국인 주도의 교육 정책이 미군정의 정치적 목적, 즉 급진적 세력에 의한 사회 혁명을 억제하고 미국식 자본주의를 정착시키며 미국의 영향력을 확고히 하고자 하는 것을 벗어나지 않는 범위

내에서 이루어졌다. 한국인 교육주도세력은 민주주의 교육이라는 이름으로 미국의 진보주의 교육론을 적극 도입하였다. 그러나 이들이 도입한 것은 미국 진보주의 교육의 주창자인 듀이가 강조했던 민주주의 교육으로서의 진보주의와는 거리가 먼 사회효율성 중심의 교육체계였으며 민주주의 교육을 위한 수단으로 강조되었던 아동중심 교육방법이었다. 즉, 민주주의 교육으로서의 내용보다는 미국 진보주의의 형식적 모방에 그쳤던 것이다(박범용, 2001: 34).

### 1. 목적과 목표

미군정기의 교육목표는 1948년 7월 12일 실행된 대한민국 헌법 제16조에 기술되어 있다. 이 헌법의 준비는 1945년 후반에 이루어졌다. 동법 제16조는 다음과 같이 기술되어 있다. "모든 국민은 교육에 대한 공평한 기회를 갖는다. 최소한 초등교육은 무상의무교육으로 실시한다. 교육제도는 법률로서 정해지고 모든 교육기관은 국가의 감독을 받는다."

1945~1955년 사이의 교수요목 제정에 따른 내용을 고찰해 보면 각 시기의 시대상을 반영하고 있음을 알 수 있다. 이는 해방 직후, 정부수립 직후인 1955년 교육과정 공포시기의 체육과 교수목적에는 조국애와 국방력 증강 항목이 나와 있는 반면, 정부수립 후의 교수요목 제정에서는 애국심을 강조하고 있지만 민주국가 공민을 목적으로 하고 있다. 또 1955년 교육과정 공포 시에는 현재 학교체육의 목적과 유사하게 신체적, 정신적, 사회적인 면을 강조하면서 민주사회

의 일원으로서 모자람 없는 개인의 완성을 목적으로 하고 있다(김달우, 1992: 152).

## 2. 방법과 내용

체육과 교수목적을 달성키 위한 교수방법은 다음과 같다. 첫째, 체육의 국가적 중대의의를 천명하고 강인한 체력과 왕성한 정신은 국력발전의 근원이 됨을 천명하고 특히 체육의 성과가 국방력과 생산력의 향상에 미치는 막대한 영향을 자각하게 하며 일상생활에 있어서 이를 자진 실시하게 할 것, 둘째, 심신일체의 수련을 통하여 완전 강인한 체력과 견인불발의 기백을 함양함과 동시에 투철한 애국심과 충실한 책임감을 발휘하게 할 것, 셋째, 단체적 훈련을 통하여 명랑 쾌활한 심정과 공명정대한 태도를 기르는 동시에 솔선궁행, 협동, 단결, 예의준수 등의 선량한 습관을 순치하며 단체적 협동에 숙달하게 할 것, 넷째, 청춘기의 특이한 심신발달을 고려하여 매양 단련과 양호의 일체적 수련에 노력하여 심신연성의 완벽을 기할 것, 다섯째, 행동, 자세, 태도, 기타 훈련의 성과를 일상생활 면에 체현하게 하여 습관화를 기도할 것, 여섯째, 체육과는 타 교과와의 관련을 긴밀히 하여 항상 교수, 훈련, 양호 삼자의 통합에 노력하여서 종류와 목적에 의한 특질을 고려하여 지도의 적절을 기하며 특히 근로정신을 앙양하여 생산력의 증진을 기할 것이다(김달우, 1993: 158).

### 3. 교사

1945년 9월부터 12월 사이의 미군정에 의한 일련의 조치들은 총독부 체제와 그에 딸린 한국인 관료들의 재등용, 일제 경찰제도와 그에 딸린 부일배들의 부활로 나타났다. 미군정은 미국인이 선택한 정치적 질서인 미국식 민주주의와 미국에 개방된 자본주의 경제체제를 구축하는 방향으로 나아갔고 이 방향에서 벗어난 일체의 세력을 무력화시켰다. 즉 미군정의 관심은 발전을 위해서 어떤 방향으로 기여할 것인가 하는 문제보다는 우선적으로 군정을 확립시키고 한국에서의 혁명적 움직임을 제거하는 데 있었다(진덕규, 1996: 62)

미군정기 체육교사들은 일제식민지 시대의 체육교사를 그대로 재임용하여 학교체육을 담당하게 하였다. 이 때문에 식민지 체조 중심의 학교체육이 그대로 재현되어 교육되었다. 학교체육은 군대식의 교련과 명령과 복종, 비민주주의 체육의 형태를 유지하고 있었다. 그릇은 바꾸었지만 내용은 변함이 없었다. 대부분의 체육교사들은 일본체조학교와 일본체조전수학교 출신들이었기 때문에 식민지 체조교육에서 많이 벗어나지 못하는 한계가 있었다. 이들에 의하여 서울대학교를 비롯한 여러 대학에서 사범대학에 체육교육과가 만들어지고 교사교육을 통하여 체육교사를 양성되게 되었다. 이러한 것이 일본체조 중심의 학교체육에서 벗어나지 못하고 지금까지 지속되는 이유라고 할 수 있다.

## 미군정기 체육의 반성과 과제 • • •

미군정기의 학교체육은 민주주의 체육을 교육이념으로 삼아 실시하였지만 형식적인 학교체육이었을 뿐이다. 이 시기의 학교체육은 식민지 체육과 별 차이가 없다는 점에서 식민지 체육의 재현에 불가하다고 평가할 수 있다. 체육교사들 대부분이 식민지 시대의 체조교사를 하였던 경력이 있었다. 이들에 의해 사범대학에서 체육교사가 양성되었기 때문에 식민지 학교체육이 재현되었다고 볼 수 있다. 이에 미군정기 학교체육의 한계와 그 대안에 대하여 알아보았다.

### 1. 반성

첫째, 해방 후 새로운 민주적인 체육을 형성하고자 했던 체육지도자들의 주장과는 달리 그들이 갖고 있던 교육적 배경을 극복하지 못한 채 일제의 군국주의 체육을 반영하고 있고, 이후 이를 한국의 학교체육에 잔존케 했다는 점을 간과할 수 없다. 이를 뒷받침할 수 있는 것은 일제 말기 1943년에 지시된 체련과 교수요목 중 중학교 체련과 교수요지인 "신체를 단련하고 정신을 연마하여 강건 불요의 심신을 육성하고 국방능력의 향상에 힘써 헌신봉공의 실천력을 증진하는 것으로써 요지로 함"과 비교할 때 너무나 흡사함을 알 수 있다. 또한 민족고유의 신체문화를 마치 일본의 검도와 유도등의 무술만을 그들 고유의 신체문화라고 생각했던 것처럼 씨름과 권법 등으로 한정하고 스포츠 중심의 교과내용을 설정하였던 것은 우리민족의 신체문화를 깊이 있게 성찰하지 못한 단면을 드러내는 것이다(김달우, 1992: 159).

둘째, 미군정기에 도입된 새로운 교육과정과 교과서의 보급에 있어서도 형식적으로는 민주주의 교육을 지향하였으나 내부적으로는 학교체육을 통하여 미군정의 정치적 목적에 맞는 정치적 이데올로기를 주입하는 수단으로서의 기능이 크게 부각되었다. 교육과정은 교육불평등을 재생산하는 당시의 교육체계를 뒷받침하였고 학교교육을 사회적 현실로부터 배제시킴으로써 학교가 미군정의 정치적 이데올로기를 주입하는 기능을 하도록 하였다. 그리고 학교교육 내용의 기준이 되는 교과서는 미국의 신제국주의 방향과 일치되어 한국에 대한 미국의 지배구조를 유지 강화하는 데 필요한 사고유형을 학생들에게 심어주었다. 한국인 교육주도세력이 명목상으로 내세운 민주적 교육 모델과 진보주의 교육론이 현실적으로는 전혀 다른 비민주적 결과를 가져왔던 것이다. 이러한 결과는 애초 미군정의 교육개혁 정책이 한국사회의 민주적 변화를 지향한 것이 아니라 친미 지배구조를 구축, 강화시키기 위한 수단이었음을 생각해 보면 충분히 예견될 수 있는 결과였다. 그럼에도 불구하고 진보주의 교육과 민주주의 교육이라는 말은 적어도 교육개혁에 있어서는 미군정의 신 제국주의적 지배정책을 위장하는 기능을 했던 것이다(박범용, 2001: 44).

## 2. 과제

첫째, 우리는 일본 식민지 지배로부터 해방된 이후 미군정에 의하여 한국의 모든 분야를 지배받게 되었다. 지배 주체가 일본에서 미국으로 바뀐 것뿐 다른 것은 이전과 다름없이 그대로였다. 미군정은 한국 실정에 대한 무지로 인해 통치하는 데 어려움을 겪었다. 이 때문에 미군정은 친일적인 관료들을 그대로 재등용할 수밖에 없었다. 이처럼 해방이후 식민지문화와 교육을 이 땅에서 청산하지 못하고 지금까지 지속할 수밖에 없는 역사적 한계를 가지게 되었다.

이것은 체육만의 문제이기보다는 한국사회의 전반적인 현상이었다. 이제 점령군인 미군정의 학교체육에 대하여 반성적 자세를 가지고 재검토해야 한다. 과연 미군정의 학교체육 정책이 이상적인 것인가, 아니면 이것 역시 역사청산의 대상으로 삼아야 하는 것인가? 그것도 아니면 미국의 학교체육이 보편성을 갖는 학교체육인지, 우리와 상이한 학교체육인지에 대하여 반성적 인식을 가지고 검토해야 한다.

둘째, 미군정 체재에서 미국에 의한 급격한 교육재편으로 우리 신체문화를 회복하지 못한 학교체육이었다고 할 수 있다. 당시 미국의 신체육은 존 듀이의 실용주의 교육이 반영되었다고 볼 수 있다. 신체육을 우리 실정에 적합한 것인지에 대한 검토 없이 수용하였다. 이 때문에 우리 학교체육은 아직도 혼재되어 있다고 할 수 있다. 이에 대한 검토 작업을 통해서 미국 일변도의 학교체육을 무분별한 한국적 적용이 아니라 우리 실정에 잘 맞는 것인지 또한 우리 신체문화를 계승, 발전시킬 수 있는 것인지에 대하여 알아봐야 한다. 우리는 성찰할 수 있는 시간적 여유도 없이 빠르게 수용할 수밖에 없었기에 이제는 이 문제에 대하여 깊이 생각해 보아야 할 것이다. 지금도 미국식 학교체육에 대한 재검토 없이 수용하여 여전히 학교에서 행해지고 있다. 미국체육의 목적이 곧 민주주의 체육이며 이는 이 땅의 우리 학교체육의 목적이 되어버렸다. 민주시민의 양성이 현재 이 땅에서 학교체육을 하는 이유가 되었다.

## 역사로 읽는 미군정기 체육 • • •

미군정기 학교체육은 해방군을 자처했던 미군 주도하에 교육이 행하여졌던 것을 말한다. 미군은 해방군이기보다는 점령군으로서 지배와 종속을 강화하는 정치적 이데올로기를 교육이라는 장을 통해서 재생산하려는 의도를 교육정책을 보면 알 수 있다. 학교체육은 식민지시대의 학교체육과 유사한 목적을 가지고 있었다. 그 방법과 내용 또한 일제 식민지 학교체육에 종사했던 교사들에 의해서 재교육되었기 때문에 일제 식민지시대의 잔재를 청산하지 못하였다는 한계성을 들어낸다.

오늘날 한국 체육의 목적은 움직임 욕구의 실현과 민족의 신체문화를 계승하고 발전하는 데에서 찾고 있다. 이 때문에 미군정기에 의해서 책정된 교과목적과 변천과정에 대한 면밀한 재검토를 통하여 미군정기 체육의 정치적 이데올로기에 의한 교육이었다는 점을 인식할 필요가 있다. 특히 미군정기 시대의 체육에 대한 성찰을 통하여 우리에게 필요한 목적을 제시하고 이를 실현하기 위한 노력이 이어져야 한다. 지금 왜 한국인들이 이런 체육을 하고 있는지에 대한 사유 없이 한국 학교체육의 발전을 찾기가 쉽지 않다. 어떤 이념이나 지배논리는 배격하고 순수한 교육목적으로만 학교체육의 존재의미를 찾아야 할 것이다.

# 제6장 식민지 학교체육의 검토 : 1910~1945

유럽 국가들은 팽창하여 아시아와 아프리카를 상대로 제국주의 국가를 형성하였다. 서양 중심의 제국주의에 의해 아시아와 아프리카는 식민지화되었다. 한국은 같은 동양권 국가인 일본에 의하여 식민지 지배를 받아야만 했다. 물론 서양의 문물을 한국보다 먼저 개방한 일본의 근대화 정책에 의해서 근대교육과 문화를 빠르게 수입하여 국가경쟁력을 강화시켰다.

이후에 이를 바탕으로 식민지건설과 세계전쟁을 일으키게 된다. 그 여파로 이웃한 우리나라는 36년 동안 일본제국주의의 지배를 받게 되었다. 이 기간 동안 일본 제국주의는 한국인을 일본인과 같게 한다는 일종의 동화정책에 의한 식민지교육을 강요하였다. 식민지 교육은 충실한 황국식민화를 위한, 순종하는 식민지적 인간을 양성하는 데 그 목적을 두었다.

일본 제국주의의 대한 침략은 1876년 강화도 불평등 조약을 시작으로 명치유신을 확립한 이후 근대 제국주의적 침략 형태를 갖추고(1876년 명치 초~1894 청일전쟁), 대일 예속화를 수행하며(1894~1905), 식민지화를 완료(1905~1910)하기까지 제국주의 침략의 연속선상에서 파악되어지므로, 교육침략사, 식민지교육에 대한 고찰이 시작되는 시기는 국권침탈 이전으로 올라가야 한다(한국교육사연구회, 1972). 하지만 이 연구에서는 1910년 이후부터 1945년 해방까지의 기간을 식민지 학교체육이라고 규정하고 범위를 제한하였다.

일본에 의한 식민지 지배(1910~1945)는 한국 민족에게는 주권상실과 피식민지 지배라고 하는 단절과 굴욕의 역사였다. 한국 학교체육사에서 체육이 제도로써 정착된 시기이기도 하다. 따라서 한국의 근대 학교체육의 성립, 전개과정을 연구하는 데 있어서 식민지체육의 규명은 빼 놓을 수 없는 중요한 부분이다. 특히 해방 후 한국의 학교체육이 표면적으로는 식민지체육의 시스템과 내용을 모방 내지는 답습하고 있다는 사실은 한국 학교체육, 스포츠의 근대화를 논의하는 데 있어서 종래의 역사인식과는 다른 새로운 시점에서 식민지체육을 재검토해야 하는 당위성을 갖고 있다(한상준, 1998).

식민지 시대의 체육활동은 학교체육, 황성기독청년회, 재일유학생들을 중심으로 근대스포츠의 수입과 보급이 이뤄졌다. 하지만 이 연구에서는 식민지시대에 행해졌던 모든 체육을 연구대상으로 하지 않고 일본에 의하여 제도권 내에서 행해진 학교체육을 대상으로 제한하였다. 연구범위는 제1차 교육과정이 제정, 공포되기 이전까지인 1910년부터 1945년까지로 한정하였다.

이미 학교체육에 대한 역사적 연구는 곽형기(1989)와 김달우(1992)의 연구가 있다. 하지만 이들의 연구는 구한말과 해방 이후의 학교체육으로 한정하여 연구되었기 때문에 식민지체육에 대한 연구와는 관련성이 있지만 직접적인 연구라고 보기는 어렵다. 일본 제국주의 식민지시기에 학교체육에 대한 연구는 나현성(1970), 이학래(1985), 김용근(1989), 정삼현(1992), 유근직(1998) 등의 연구들이 있다.

식민지 학교체육은 충실한 황국신민화 육성을 위한 교육인지에 대한 충분한 검토를 통해서 다시 확인하고 넘어가야 할 사안이다. 체조교육을 실시하였다면 과연 어떤 방법을 중심으로 실시했으며 어떤 내용으로 수업을 행하였는지에 대하여 알아본다. 교육의 주체인 교사는 어떤 이력을 가진 사람들인가에 대한 조사 또한 필요하다.

교사와 학생은 어떠한 관계를 가지고 있었으며 식민지체육의 한계와 대안이 무엇인지에 대하여 알아볼 것이다. 식민지 체육은 우리체육임에 분명하지만 식민지 체육을 배격하려는 학자들도 있다. 하지만 우리 체육이기 때문에 이 시기의 체육의 형태를 파악하여 한국체육의 개념을 정립하는 데 일차적인 자료가 될 수 있을 것이다.

## 식민지 학교체육의 재검토: 1910~1945 • • •

식민지체육은 일본제국주의에 의하여 지배를 받은 식민지 기간 동안에 일본에 의하여 한국에서 실시된 체육을 지칭한다. 그 기간은 국권침탈(1910년)부터 해방(1945년)까지이다. 이 시기는 한국 민족에게는 주권상실과 피식민지 지배의 단절과 굴욕의 역사이었으나 한국 학교체육사상 체육이 제도로서 정착된 시기이기도 하다. 특히 한국의 근대 학교체육의 성립, 전개과정을 연구하는 데 있어서 식민지체육의 규명은 빼 놓을 수 없는 중요한 부분이다(유근직, 1998: 454). 이 기간 동안 일본은 문민정책 등 식민지 지배 정책을 일관되게 실시하였다. 특히 식민지적 인간, 순종하는 인간을 양성하기 위한 교육정책하에서 체조교육을 중심으로 운영되었다. 이하에서 식민지시대 체육의 목적과 목표, 방법 및 내용 그리고 교사에 대하여 알아본다.

### 1. 목적과 목표

식민지체육의 목적은 충량한 신민의 육성과 순종하는 신체의 형성에 있었다. 당시 일본의 식민지였던 조선에 대하여 식민지정책에 필요한 인간을 육성하는 데 체조 역시 교육목적과 같은 선상에서 이해될 수 있다. 결국 식민지의 순종하는 신체를 목적으로 체조교육이 실시되었다. 전쟁에서 필요한 전투체육 중심의 병식체조와 황국식민화 체조가 주를 이루었다. 당시 체육의 목적은 "신체의 각부를 균제히 발육케 하야 자세를 단정케 하고 정신을 쾌활케 하며 겸하여 규율을 준수하고 절제를 향하는 습관의 함양을 요지로 한다."[3] 라고 밝히고 있다.

자세교정과 규율준수 그리고 절제를 강조하여 군국주의적 성격을 드러내면서 체육을 동화정책을 수행하기 위한 한 도구로서 이용했다고 볼 수 있다. 일본의 동화정책은 한민족을 일본 민족화하려는 정책으로 충량한 신민양성, 즉 충성스럽고 순종하는 식민지인이 되어서 일본의 식민지정책에 무조건 복종하려는 인간성을 형성함에 있었다. 이때 학교체육은 식민지 정책의 도구 중의 하나로 이용되었다.

일본의 식민지 교육정책의 목적이 식민지 통치정책인 동화정책에 근거한 조선인 아동, 학생의 일본 신민화에 있었던 관계로 학교체육에 있어서도 일본과 마찬가지로 '학교체조교수요목, 1914년' 이 제정되어 그것에 따른 체조 중심의 수업이 행하여지고, 또한 학교위생, 보건, 교과서, 체육시설, 용구에 있어서도 일본과 같은 내용을 가지고 규정하였으므로 한국에 있어서 근대 학교체육은 일본형체조교육이라는 특징을 가지고 있다고 말할 수 있다(유근직, 1998: 29).

---

3) 1911년 8월 23일 칙령(日)호로 공포된 보통학교 교육령, 고등보통학교 교육령, 보통학교 사범과 교육령, 여자고등보통학교 교육령, 여자고등보통학교 사범과 교육령, 실업학교 교육령, 전문학교 교육령 등이 있고, 1911년 10월 23일 총독부령 제110호인 보통학교 교육령 규칙, 제112호 여자고등보통학교 교육령 규칙, 여자고등보통학교 사범과 교육령 규칙, 제115호 경성전문학교 교육령 규칙 등이 있다.

## 2. 방법과 내용

식민지체육의 내용은 절대주의적인 체육사상의 강화, 철저를 위한 비합리적인 수업이었다. 예를 들어 신체를 통한 덕육훈련의 중시, 호령과 지시에 의한 획일적 수업, 교사중심의 일제지도, 군대식 통제와 질서훈련의 강조, 황국신민체조, 건국체조의 보급 등이 실시되었다(유근직, 1998: 457). 이러한 예를 통해 알 수 있는 것은 일본제국주의에 의해서 철저하게 황국신민화를 위한 도구로서의 학교체육이었다는 사실을 알 수 있다. 식민지체육의 교육방법으로서 병식체조가 주류를 이룬 이유는 규율과 처벌을 통한 신체통제에 교육의 목적이 있었다는 것이다. 식민지 학교체육이라고 할 수 있는 체조교육의 방법 및 내용에 대하여 알아보자.

체조교육의 내용이 종래의 유희, 병식체조, 보통체조였던 것이 여기서는 체육, 교련, 유희 등으로 구분되고 있고, 병식체조의 성격을 갖춘 체육이 교련으로 확립된 교육내용을 구성하고 있다. 즉 사격, 산개, 돌격, 소중대, 교련, 집총, 정돈, 집행 등의 군사훈련이 독립된 교육내용을 갖게 됨으로써, 군사훈련이 갖는 국가회복의 기초양성이라는 성격이 없어지고 일제의 군국주의적 체육의 한 부분으로 민족주의적 성격이 박탈당했다.(이학래, 1985: 93~95).

둘째, 유희에서는 경쟁을 주로 한 유희와 발표적 동작을 한 유희, 행진을 주로 한 유희로 구분하였다. 발표적 동작을 주로 한 유희에서는 한국전통 유희가 아닌 일본의 유희를 도입하여 유희에서조차도 학교체육의 식민지화를 기도하였다. 다른 한편에서는 농구, 축구, 센터 볼 등의 스포츠가 도입되었다.

셋째, 체조과 교수시간 외에 행할 여러 운동을 설정함으로써 체육운동을 일상생활에까지 확장시켰다. 즉, 체조는 매일 시작 전, 주식 전에 휴식시간의 끝이나 방과 후 및 교수시간의 중도 등에서도 간단한 체조를 행함이 가함이라 하여 쉬는 시간을 활용하여 교수되었다. 유희도 야구, 테니스, 수영 등이 정규 수업시간 외의 유희로 권장되었다.

넷째, 교수상의 주의사항에서 단체교육에 의하여 다수의 생도로 하여금 공동적으로 운동시키는 동시에 항상 생도의 신체 및 정신발달의 상태에 유의하고 적절히 지도할 것이나 생도의 신체적 정신을 도야함에 체조교육의 목적이 있다고 지적한 것을 체조교육이 근대적 체육사상에 기반하여 행해졌음을 알 수 있으며, 교실을 청결히 하고 통풍 및 채광을 완전케 할 것 등에서 보이는 바와 같이 위생에도 상당한 관심을 기울이고 있었다. 다섯째, 이 시기에 학교체육의 모든 단계에서 필수과목으로 정착되었다.

구한말 관공립의 초등학교의 체조과 도서로는 《학교체조교수서》와 《최신체조교수서》가 있었으며 사립학교 체조과 도서로는 《신식체조법》외 3종이 있었는데 이들 도서는 아동용 교과서가 아니라 교사용 지도서였다. 《학교체조교수요목》이 공포되면서 조선총독부에 의해 《소학교 보통학교 신편체조교수서》 (1927년)로 개정 편찬되었다. 일선학교에서는 이 책에 준거하여 체조과 수업을 지도하도록 되어 있었다. 체육교과서는 어디까지나 보조교재로서 활용되었을 뿐

체육수업에서는 그다지 활용되지 않은 것으로 나타났다(유근직, 2001).

### 3. 교사

일제는 학교체육의 실질적 담당자인 체조교사의 자격을 제한함으로써 학교체육의 주체적 발전을 억압했다. 한말의 체조교사는 원래 구한국 출신이 대부분이었고 이들에 의해 병식체조가 교수됨으로써 한말 민족주의적 교육이 보다 활발하게 전개될 수 있었다. 그런데 일제가 조선을 병합하고 난 뒤에 식민지 교육을 확립하는 과정에서 교사자격을 제한함으로써 교육의 식민지화를 기도했다. 이는 체육교육에도 그대로 적용되었다.

일제 초기에는 식민지체육이 제대로 정착되지 않았기 때문에 체육교사를 일본군으로 충당했다. 특히 실업학교의 경우 그 현상이 두드러지게 나타났다. 이는 1913년 3월 3일자 학 제502호인 '군인의 체조교원촉탁건' 이라는 문서에서 확인할 수 있다. 그 내용은 지방 실업학교에서 체조과의 교원을 채용하기 어려워 학교소재지에 주둔하는 군대에 촉탁할 경우 가급적 편리를 도모해 주라는 것이다(이학래, 2003).

이러한 역사적 사실을 통해서 당시 체조교사는 교사가 부족 한 상황이 발생했을 때 군부대의 지원을 요청할 수 있도록 하는 제도적 장치를 가지고 있었다는 것을 확인할 수 있다. 당시 체조교육을 군인들이 교육할 수 있다는 것은 군대식 훈련의 성격이 강했지 않았나

추론해 볼 수 있다. 그러므로 군인들이 체조교육을 담당하며 이들에 의해서 규율과 통제가 행해졌다고 할 수 있다.

## 식민지 학교체육의 한계와 대안 • • •

일본제국주의 시대의 식민지체육은 '계획적인 신체활동을 통한 인간교육'으로 인해 민주시민의 육성이라는 체육의 목적에서 벗어나고 있었다. 체조교육을 통해서 신체를 규율하고 순종하는 식민지적 인간육성 속에 지배와 순종을 강화시키기 위한 식민화교육이라고 할 수 있다. 철저히 순종하는 신체의 육성을 통하여 강력한 제국주의를 건설하려는 의도를 엿볼 수 있다. 이러한 식민지체육의 잔재는 지금까지 학교체육에 여전히 남아 있다.

### 1. 한계

첫째, 식민지체육은 규율과 감시를 통한 순종하는 신체를 육성하는 체육이었다. 지금의 체육목적과는 차이가 있음을 알 수 있다. 당시 식민지 학교체육은 일본식 체조를 중심으로 실시하였다. 체육 분야에 있어서도 해방 후의 학교체육이 기본적으로는 식민지시대의 학교체육 시스템과 식민지시대 교사들의 지도 아래 전개되어 왔다. 오늘날 한국 학교체육의 문제점으로 지적할 수 있는 중앙집권적이고 관료적인 체육행정, 호령과 지시에 의존한 획일적 수업, 체력 중심주의, 군대식 통제와 질서훈련의 강조 등의 학교체육의 특징은 식민지 시대의 잔재로 볼 수 있다(한상준, 1998).

둘째, 식민지체육은 일본 제국주의의 교육정책의 연장선에서 해석할 때 국체명징, 내선일체, 인고단련의 성격을 가진다고 할 수 있다. 당시의 일본 제국주의의 교육정책은 사립학교를 폐쇄시키고 한국 문화교육을 금지하며 교육기회 제한의 문화 말살 정책이었다. 초등학교 기관의 확대로 우민화 교육정책을 실시하였다. 한국지식인들을 회유하고 특권을 주어 우민 정책의 앞잡이로 활용하는 황국신민화의 동화주의를 실시하였다(김인희, 1980). 당시 교육정책과 목적을 살펴보면 문제의 열쇠를 찾을 수 있다. 제3차 교육개정령(1938) 및 제4차 개정령(1943)에 나타난 교육정책은 황국신민화 교육의 강조로 규정된다. 일제의 군국주의로 인한 대륙 침략 전을 뒷받침하고 내선일체를 조성하기 위해 3대 교육방침을 설정하였다. 국체명징,[4] 내선일체,[5] 인고단련[6] 등이 그것이다.

셋째, 식민지체육을 탄압과 저항의 논리만으로 해석하는 것에는 한계가 있다. 일본제국주의에 의한 '탄압' 과 한국 민족의 '저항' 운동에 초점을 맞춘 연구가 대부분이었다. 식민지체육은 오로지 일본

4) 천황의 통치를 근간으로 하는 국체 관념을 배양한다는 것이다. 천황제와 국민의 발전을 동일하게 보고 국민의 군신일체, 충효일체의 봉사를 이상으로 하였다.

5) 내지 즉 일본 본토와 조선 국민과의 신애 협력을 주장한다. 일본과 조선은 옛날부터 역사적 공동체이므로 서로의 헌신을 통해 국가 장래를 책임져야 하고, 순국할 수 있어야 한다는 것이다.

6) 진지한 태도로서 고행을 하며 노력한다는 실천적 태도를 말한다. 애국심을 갖고 어떤 고난도 극복해야 한다는 의미를 가지고 있다.

제국주의에 의한 국군주의 체육으로 간주되어 통째로 부정, 비판되어 왔다. 일본에 의한 식민지 지배기는 한국 체육사상, 민족체육의 수난기 또는 민족체육의 시련기로 평가되어 오고 있다. 이러한 민족사관에 입각한 연구 내용만으로는 식민지체육의 전체상, 더 나아가 한국 근대체육의 성립과 전개과정을 종합적, 체계적으로 파악하는데 있어서 충분하지 못하다(유근직, 1998). 체육사 학계는 이러한 견해에 대해 분명한 입장과 논리적 근거를 통한 자기표명이 필요하다.

## 2. 과제

교육을 통한 사회적 힘의 행사는 전통적으로 동일한 사회, 국가 안에서 나타나지만, 근대 이후에는 보다 적극적인 양상으로 국가와 국가, 문화와 문화 사이의 갈등 또는 지배와 종속의 관계를 통해 나타나고 있다. 나아가 19세기 이후 현재에 이르기까지 무력을 통해서 뿐만 아니라 교육이라는 문화적이고 평화적인 수단으로 경제적, 정치적 지배를 유지해왔던 것을 우리는 규명할 필요가 있다. 왜냐하면 타국의 문화적 영향을 받고 있는 사회나 문화에서의 교육 문제는 동일 사회 내에서 갈등뿐만 아니라 동시에 문화와 문화, 국가와 국가간의 정치적, 문화적, 경제적 갈등을 야기하고 지배, 종속의 관계로 발전해 왔음을  역사적 사실을 통해서 보아왔다(김인희, 1980 : 91). 식민지 학교체육의 한계를 넘어서기 위한 대안에 대하여 다음과 같이 알아보았다.

첫째, 식민지 학교체육에 대한 객관적 시간을 통해서 무엇이 문제인가에 대한 성찰과 더불어 비판이 있어야 할 것이다. 식민지체육은 아직도 이 땅에서 현재 진행형이라는 사실에 대하여 우리는 자성의 목소리를 높여야 한다. 왜 식민지체육이 청산되지 못하고 아직까지 그 흔적들이 우리의 신체문화를 왜곡하고 있는지를 분명하게 인식해야 한다. 일제에 의해 단절된 신체문화를 찾아내고 우리 체육을 형성하는 데 근본이 되도록 하는 일이 추진되어야 할 뿐만 아니라 우리시대에 적합한 우리체육을 실현하기 위한 연구와 실천이 병행되어야 한다. 우리체육의 정체성 찾기와 민주주의 시민을 육성하는 자율과 자유를 추구하는 학교체육의 구현을 위한 학자들의 작업이 요구된다.

둘째, 식민지체육에 대한 학문적 재검토가 있어야 한다. 구한말 체육은 이미 자생적 학교체육의 근대화에 의해서 체육의 목적을 실현할 수 있는 충분한 역량을 준비하였다고 볼 수 있다. 하지만 일본에 의한 국권침탈 때문에 자주적인 학교체육의 실현이 가로막히게 되었다. 일본에 의하여 근대 학교체육이 성립되었다는 논지에 대한 논리적인 비판이 있어야 한다. 이를 규명하기 위한 노력 없이 감정적 대응과 주장은 설득력이 없다. 일본 식민지체육이 제도로서 근대 학교체육을 실현하는 데 역할을 한 것은 사실이다. 하지만 그 목적은 황국신민화에 있기 때문에 긍정적인 시각으로 볼 수 없다는 것이다. 결과만을 가지고 근대학교체육에 일본이 크게 영향을 주었다는 생각은 과정이 생략된, 잘못된 판단이라고 볼 수 있다.

셋째, 친일청산이라는 사회적 이슈에도 불구하고 여전히 철옹성을 유지하고 있는 학교체육은 이제 식민지 학교체육의 잔재를 없애야 한다는 시대적 요청에 귀 기울여야 할 것이다. 식민지체육 교육을 받은 교사들이 해방 이후에도 여전히 학교체육의 교사로서 역할을 담당하였기 때문에 식민지체육이 사라지지 않고 남아 있었다. 하지만 이제는 식민지체육의 교사들이 퇴임하고 젊은 교사들이 주도적으로 체육교육을 실시하기 때문에 이들에 의해서 식민지체육의 잔재를 사라지게 해야 할 것이다. 형식만이 아니라 우리 안의 식민지 잔재를 없애야 할 것이다.

## 역사로 읽는 식민지 체육 • • •

식민지체육은 일본에 의한 체육이라고 하지만 우리 체육의 정체성을 형성하는 데 있어서 배격해야 할 대상이 아니라 재검토를 통해서 우리 체육의 일부분으로 수용해야 할 대상이다. 식민지체육의 특성을 파악하기 위해서는 식민지교육정책의 연장선에서 봐야 할 것이다. 식민지교육정책에 의한 체육 역시, 순종하는 인간육성의 목적에 부합되는 내용의 교육이 주류를 이루었다. 특히 이 시기의 체육은 병식체조와 같이 규율된 신체, 즉 순종하는 신체교육에 무게를 두었다. 식민지 학교체육은 자율과 저항보다는 복종과 타율적인 신체교육을 중심으로 행해졌다.

식민지 학교체육의 재검토를 통해서 확인된 사항은 일본형체조교육의 황국신민화 교육이었다는 사실이다. 식민지체육의 목적은 순종하는 신체의 완성이고, 방법과 내용은 체조중심의 수업이 대부분을 차지했다. 교사의 자리는 체조전수학교와 일본체육전문학교 출신들, 그리고 일부의 군인들이 담당하였다. 이들은 군국주의의 권위적인 규율과 통제를 가르치는 역할을 하였다. 식민지체육의 재검토를 통해서 우리 몸에 맞는 체육의 부재를 발견하고 전통놀이가 단절된 것을 확인할 수 있었다. 이제는 우리 몸의 기억들을 청산하고 새로운 우리 움직임에 적합한 새로운 체육의 모형이 정립되어야 할 것이다. 다른 분야에서 역사청산의 중요성이 부각되고 실시되고 있지만 체육에서는 공허한 메아리에 머물고 있다. 체육에서도 친일적인 요소를 청산하고 신체문화를 계승발전시킬 수 있는 자주적인 체육을 위한 노력이 요구된다.

# 제7장

# 친일체육인, 역사청산과 성찰적 시선

역사는 '과거와 현대의 끊임없는 대화' 라는 카아의 유명한 말은, 역사적 사실은 역사가의 현재 시점에서 해석되고 기록된다는 것을 의미한다. 역사는 사실로서의 역사와 기술로서의 역사로 나눈다. 후자의 역사는 현재의 입장에서 과거의 기록을 해석하는 것을 의미한다. 역사가의 사관에 의해서 역사적 사실은 해석되기 때문에 역사가가 어떤 역사관을 가지고 서술했느냐에 따라서 사실에 대한 해석이 아주 판이하게 달라진다. 일본의 역사왜곡과 중국의 동북공정은 자의적인 역사해석으로 국가적 차원에서 국익을 위한 왜곡된 역사서술이다. 이 점에서 객관적이고 실증적인 역사서술, 누구나 수용 가능한 역사서술이 왜 필요한지를 알 수 있다.

역사가의 단순한 자의적인 역사 해석은 역사를 왜곡할 가능성이 높고 지나치면 역사소설이 될 수 있다. 역사가는 사실을 해석하는 데 있어서 객관적인 사료 검토를 바탕으로 비판과 성찰이 있어야 한다. 역사적 사실에 대해 다양한 시선의 해석은 가능하지만 지나친 자의적인 해석은 왜곡의 위험성을 낳는다. 식민지 시기의 역사서술과 친일체육인에 대한 서술을 보면 국내 체육사의 역사기술은 편향된 것으로 보인다. 이런 인식에서 이 글은 일장기 삭제사건의 비판적 해석을 하고, 이후에 친일체육인 선정의 합리적 근거에 대하여 검토한다. 그리고 친일체육인과 역사청산 그리고 비판적 시선이라는 역사인식의 문제에 대하여 알아본다.

## 일장기 삭제사건의 두 가지 시선 • • •

1936년 베를린 올림픽은 우리에게는 잊지 못할 올림픽 중의 하나이다. 베를린 올림픽은 아리안족의 우월성을 전 세계에 과시하기 위한 정치적 의도를 가지고 히틀러에 의해서 개최되었다. 우리가 베를린 올림픽을 기억하는 이유는 마라톤 경기에 참가한 손기정과 남승룡이 1등과 3등을 했기 때문이다. 당시 손기정의 기록은 2시간 30분대를 돌파하는 세계신기록이었다. 비록 손기정과 남승룡은 일본의 일장기를 가슴에 달았지만, 마라톤에 참가하여 나라 잃은 조선인과 유색인종의 우수성을 세계에 펼칠 수 있었다. 민족의 우월성을 과시하려는 히틀러의 올림픽 유치 의도를 깨트리는 쾌거라고 할 수 있다.

역사가의 객관적인 입장에서 보면 나라 잃은 조선의 손기정은 일본 국가대표 선수였다. 당시 조선이라는 나라는 세계에 없었다. 우리는 베를린 올림픽의 마라톤 금메달을 당연하게 우리 것으로 인식하고 있지만 올림픽 기록의 공식적 메달국은 일본이라는 사실을 인정하지 않을 수 없다. 민족주의 의식을 반영하여 손기정이 조선인이기 때문에 조선의 금메달이라고 주장한다고 해도, 역사적 사실을 바꿀 수는 없다. 어쨌든 공식적으로 우리나라가 금메달을 획득한 것은 1976년 캐나다 몬트리올 올림픽 레슬링에 참가한 양정모의 금메달이다.

국내 체육사의 역사서술은 사료 검토의 불충분으로 객관적이지 못하며 민족주의적 시각에 편중되어 있다고 볼 수 있다. 이와 같은 지적도 기존의 민족주의 사학자들의 입장에서 보면 인정할 수 없을 것이다. 역사적 특수성을 인정하지 않는 독단이라고 저자의 주장에 대한 비판이 예상된다. 하지만 역사를 가르치고 연구하는 학자로서 역사인식의 왜곡을 자초하면서 일본의 역사왜곡과 중국의 역사왜곡을 비판할 수는 없다. 특히 저자가 지적하고자 하는 것은 손기정 마라톤 우승을 보도한 이길용 기자의 일장기 삭제보도에 대한 역사적 해석에 관한 문제이다.

저자는, 일장기 삭제보도는 체육사에서 중요한 사건으로 서술되고 있는 것에 대하여 이견을 말하고자 한다. 분명 이길용 기자는 당시 동아일보의 원본사진에서 일장기를 지웠다는 측면에서 저널리즘의 정신을 왜곡한 전형이라고 할 수 있다. 하지만 일장기 삭제 행위가 민족주의적 사관에 의하여 일본 제국주의에 대항한 저항과 독립 그리고 민족운동이라고 평가하고 있다. 이 때문에 삭제라는 현실을 왜곡하고 있다. 분명 저널리즘에서 보면 일장기를 삭제한 것은 왜곡 보도가 분명하다. 이 문제는 조선이라는 당시의 특수성을 인식하지 않은 생각이라고 비판받을 수 있다. 시대상황을 반영하지 않을 수 없다면 일장기 삭제는 분명 기자의 민족주의에 대한 자발적 행위이기 때문에 문제가 없다고 볼 수 있다. 하지만 엄격히 말해 원본을 삭제한 것은 왜곡 보도임에 분명하다.

당시 시대적 배경을 제외한다면 일장기 삭제 사건의 역사적 중요성은 말하기 어렵다. 식민지 민족의 울분을 참지 못하고 이길용과 기자들이 일장기를 지우게 된 것은 시대의 결과라고 간주할 수 있다. 그런데도 일장기 삭제라는 사실을 왜곡 보도한 문제를 뒤로 한 채 독립운동이며 민족주의의 대표적 행위로 해석하고 이길용 체육기자상까지 만들어 매년 체육기자들에게 수여하고 있다. 민족을 위한 왜곡 보도는 문제가 되지 않는다는 이야기이다. 후배 기자들에게 이길용 기자의 민족과 국가를 위한 왜곡 보도는 문제가 되지 않기 때문에 국익을 위하여 왜곡 보도를 해야 한다는 것을 배우라는 소리인지 알 수 없다.

식민지 시절에 일장기의 삭제가 손기정이 조선인이라는 것을 밝히는 기자의 정신을 보여준 것인지 저자로서는 이해하기 어렵다. 있는 그대로 일장기를 달고 마라톤에 참가할 수밖에 없는 식민지 조선인의 현실을 사실 그대로 보여 줄 수는 없었는지 묻고 싶다. 만약 일장기를 삭제하지 않았다면, 식민지 조선인은 식민지인으로서 울분과 저항의식을 더 가질 수도 있었을 것이다. 일장기 삭제 보도에 대한 역사서술은 민족의식의 발로로 높은 가치를 부여하고 있다는 것에 대하여 저자는 과연 그것이 올바른 역사해석인지 묻지 않을 수 없다. 너무나 당연하게 여기는 것에 대하여 왜 당연한지에 대한 이유를 밝혀야 한다. 이와 관련하여 친일체육인 선정 문제에 대하여 알아보자.

## 친일체육인 선정의 합리적 근거 • • •

민족문제연구소와 친일인명사전편찬위원회가 친일인명사전 수록예정자 1차 명단에 3090명을 발표하였다. 이번 발표에 대하여 친일인물 분류의 기준이 없다는 비판과 이를 통해서 60년 만의 친일청산을 하게 되었다는 엇갈리는 보도를 접할 수 있었다. 특히 민족지도자로 알고 있었던 인물들이 친일인사로 대거 분류되었다. 이외에도 다양한 분야의 인물들이 친일인물명단에 올랐다. 그러나 체육계의 친일인물에 대한 명단은 어디에도 찾을 수 없었다. 체육계는 친일인물이 전무한가 아니면 예외를 인정하는 특별한 영역인가 알 수가 없다. 아무튼 3천 90명의 친일인명목록에 유독 체육계 인물들이 빠져 있다는 데에 문제를 제기하고자 한다. 체육계 친일인물을 밝히는 데 일정한 기준을 설정하는 것이 어려운 일일 것이다. 하지만 저자는 그 기준을 설정하여 두 가지를 제시해본다.

첫째, 해방 전에 일본대표로 올림픽과 세계대회에 참가한 선수들을 짚어보는 것이다. 이들은 일장기를 가슴에 달고 일본의 명예를 세계에 알린 사람 들이다. 그 누구도 지금까지 이들에 대하여 친일을 한 사람이라고 말하지 않았다. 왜냐하면 이들은 모두 해방 이후에 우리의 영웅이 되어 있었기 때문이다. 이들의 친일 행적에 관한 자료수집과 이런 사료에 대한 검토 작업이 전무했기 때문에 규명되지 못하고 있다. 또한 우리의 정서에서 이들을 친일로 분류하는 데 많은 어려움이 상존하고 있기 때문에 접근이 용이하지 못하다. 우리 사회가 높이 평가하는 이들에 대하여  누가 이들에게 비판의 칼을 댈 수 있겠는가? 그 칼날이 역으로 자신에게 돌아올 수 있기 때문에 체육계 친일파 진상규명은 어려운 것이다. 특히 체육사 연구에서 이들에 대한 평가는 긍정적인 연구에 편향되어 있다. 이상백이나 서상천 등의 연구에서도 친일행위에 관한 연구는 없고 단지 한국 근대스포츠 발전에 지대한 영향을 미친 것으로 편향되어 평가되고 있다.

둘째, 일제 식민지 시대, 조선체육협회에 관여한 인물들을 살펴보는 것이다. 당시, 조선을 중심으로 한 체육단체는 두 곳이 있었다. 하나는 조선인들이 중심이 되어 자주적으로 결성한 조선체육회와, 일본인을 중심으로 한 조선체육협회다. 친일체육인으로 간주할 수 있는 것은 조선체육회가 있음에도 불구하고 조선체육회를 방해하기 위하여 일본에 의해서 만들어진 조선체육협회에 참여하여 활약하였다는 사실이다. 조선체육협회 참여 자체만으로도 친일적 행위라고 할 수 있다. 여기에 참여하였던 많은 친일체육계 인사들은 해방 이후, 한국체육이 발전하는 데 많은 공헌을 하였다. 그렇기 때문에 이들의 친일 행적은 가려지게 되었다. 이제는 친일체육인에 대한 공개가 빠르게 이뤄져야 한다. 조선체육협회의 참여를 의도적이고 자발적인 행위라고 볼 때 친일의 근거가 된다고 할 수 있다. 일본인에 의해 주도된 단체에 가입하여 행위 한 사실 자체는 역사적 판단에 있어서 친일행위임에 틀림없다.

유근직은 저자의 친일체육인 선정 근거에 대하여 문제가 있다고 이견을 제시하였다. 두 가지의 단순한 잣대로 친일체육인을 규정하는 것은 객관적이지 못하고 기계적인 접근이며 논란의 소지가 있다고 반박한다. 그 반박의 근거로 베를린 올림픽에 일본축구대표 선수로 참가한 김용식 예를 들고 있다.

김용식은 한국축구계의 원로이며 국내의 많은 축구인들에게 존경을 받고 있는 인물이다. 김용식은 어린 시절과 일본 국가대표 선수생활 이후에도 민족의 독립과 해방을 위하여 많은 노력을 했다고 한다. 단순히 베를린 올림픽에 일본 국가대표 선수로 참가한 것만으로 친일체육인으로 규정하는 것은 모순에 빠질 수 있다는 비판이다. 그렇기 때문에 객관적이고 합리적인 논의를 통해서 친일체육인 선정논리가 마련되어야 설득력을 얻을 수 있다. 합리적 기준이 없기 때문에 친일 체육인의 선정에 어려움이 있는 것이다. 이런 차원에서 학계의 논의가 조속하게 이루어졌으면 한다. 그 논의 과정 이전에 저자가 제시한 친일체육인 선정논리로 두 가지의 기준은 여전히 유효하다.

## 친일체육인, 역사청산과 성찰적 시선 • • •

친일체육인 선정은 과연 불가능한 일인가, 아니면 불필요한 일인가? 음악, 미술 분야에서도 친일체육인이 선정되고 있는데 유독 체육계는 예외적으로 제외되고 있다. 과연 체육계는 친일인물과 아무런 관련성을 찾을 수 없는 분야일까 하는 의문을 갖게 한다. 일본의 식민지 지배를 정당화하거나 일본 제국주의의 영광을 위해 일장기를 가슴에 달고 일본대표 선수로 세계를 빛낸 선수들이 있음에도 불구하고 문제가 되지 않는다고 과연 말 할 수 있는가? 이 선수들은 운동 그 자체가 좋아서 이념을 떠나 단지 운동만 했다고 볼 수 있느냐는 것이다. 또한, 그 선수들은 역사의식 없이 단지 신체적 탁월성을 표현하기 위할 뿐 일본과는 아무 관련성이 없다고 말할 수 있는가? 이러한 질문에 답할 수 있다면 체육계 친일인물은 문제가 되지 않는다.

하지만 이러한 질문에 답할 수 없기 때문에 체육계 또한 친일인물에 대하여 어떤 목소리를 내어야 한다. 체육계에도 친일인물은 분명 존재하고 있었고 친일청산에 예외가 될 수 없다. 일본대표로 국제경기에 참가한 사람들은 역사의식이 부재할 만큼 무지하지 않았다. 일본에서 대학을 다닐 정도로 자신의 정체성을 가진 사람들이 대부분이었다. 하지만 이들이 해방이후에 국내체육계의 요직에 다수가 참여하게 되었고, 실제로 한국 근대스포츠 발전에 많은 영향을 미치게 되었다. 이 때문에 이들에 대한 평가가 쉽지 않다. 이들이 근대 한국스포츠 발전에 지대한 공헌을 했다는 이유로 이들에 대한 비판을 유보해야 한다는 의견은 설득력을 가지지 못하기 때문에 이들의 행위에 대하여 단죄해야 한다고 생각한다.

식민지 시대에 관한 역사를 청산하는 것은 우리 시대의 당위이다. 역사청산을 주장하지만 체육의 현실은 아직도 식민지 잔재를 청산하지 못하고 되풀이되어 행해지고 있다. 학교체육에는 아직도 청산되지 못한 식민지 교육 잔재가 남아 있다. 과거에 대한 답습을 버리지 못하고 지속하고 있다. 식민지 청산을 주장하지만 학교체육 속에 남아 있는 것에 대한 청산이 아직도 이뤄 지지 못하고 있다. 오늘날의 한국 체육이 친일인물들에 의해 성립되고 발전하였다고 하지만 공과를 명확히 할 필요가 있다. 어떤 인물에 대하여 공 때문에 과를 눈감아 주면 근본적인 해결이 되지 못한다.

지금까지도 친일청산이 되지 못한 이유가 바로 여기에 있다. 친일체육인을 공개적으로 밝히는 것은 객관적인 시각에서 그들의 행위에 대하여 비판하고 같은 일이 거듭되지 않게 하기 위함이다. 역사의 심판이 없다면 개인의 영달을 위해 자신의 민족을 팔아먹고 동포를 이용하는 인간들이 넘쳐날 수 있다. 이 때문에 역사는 항상 심판한다는 역사의 소리에 귀 기울일 필요가 있다. 이런 뜻에서 체육계의 친일청산은 예외가 될 수 없다고 생각한다. 친일인물사전 수록예정자 명단에 친일체육 인물들이 포함되기를 기대하는 이유도 여기에 있다. 이 같은 일이 역사에 되풀이되지 않도록 올바른 역사인식을 후대에 남겨야 한다.

일장기 삭제사건과 친일체육인에 대한 역사인식에 대하여 생각해

보았다. 한국체육사에서 일제 강점기(식민지)에 대한 연구는 많은 반면에 친일체육인에 관련된 연구는 전무하다고 할 수 있다. 누가 친일체육인이라고 말하기조차 쉽지 않지만 이해관계를 떠나서 연구되어야 할 과제 중의 하나임에는 틀림없다. 심지어 어떤 학자는, 가치중립적인 체육은 정치, 경제, 문화의 영향에서 자유롭기 때문에 친일인물을 규정할 수 없는 예외성을 갖는다고 주장한다. 체육 혹은 스포츠는 정치에서 자유롭고 인간 개인의 신체적 탁월성을 표현하는 행위이기 때문에 친일문제와 관련성이 없다고 한다. 정치, 경제, 문화와는 아주 다른 특수한 경우라고 말한다.

단지 신체적 탁월성을 보여 주기 위해 경기에 참가했기 때문에 역사청산의 대상이 될 수 없다는 주장은 궁색한 변명으로 들린다. 일본 국가대표로 올림픽에 참가한 것은 친일행위라고 할 수 없다는 이론은 설득력이 없다. 하지만 역사의식이 있는 사람이 일본의 영광을 위하여 자발적으로 올림픽에 참가한 것은 엄연히 친일행위라고 할 수 있다. 식민지 시기, 체육인에 대한 연구는 어느 정도 찾아볼 수 있지만 역사인식이 객관적이지 못하여 균형적인 시선을 유지하지 못하고 있다. 단지 긍정적인 측면에서 그들이 한국근대체육에 기여한 부분만을 찾아내어 근대체육의 영웅으로 조명하고 있을 뿐이다. 즉, 한국 근대체육에 많은 영향을 행사했다는 긍정적인 역사평가 중심으로 서술되어 있다. 일본의 영향이 없었다면 근대체육의 발전을 생각할 수 없다는 논리와 반대로 일본의 식민지 지배 때문에 우리 고유의 전통체육이 사라지게 되었다는 대립적인 주장들이 상충하고 있다. 어떤 것이 자의적 해석이고 올바른 역사인식인지 자못 궁금해진다. 그렇기 때문에 체육사가의 비판적 시선과 성찰적 태도에 의한 역사인식과 해석이 요구된다.

# 제8장

# 한국 운동문화 속의 오리엔탈리즘

체육이나 스포츠와 같은 운동행위는 이미 현대인의 삶의 일부가 되었으며, 노동과 휴식, 몸과 마음의 상호대립적인 차원을 넘어 역사, 사회, 정치, 교육체계 등 다양한 차원의 문화를 구성하여 왔다.[7] 때문에 이러한 운동에 대하여 철학한다는 것은 존재론적, 인식론적 차원뿐만 아니라 동 시대의 운동문화를 반성하는 것과도 깊은 관련이 있다고 볼 수 있다.

그동안 스포츠철학 연구는 형이상학이나 인식론 그리고 가치론적 측면에서 다양한 연구들을 통하여 스포츠의 본질과 인식 그리고 앞으로 나아갈 방향에 대하여 제시되어 왔다. 하지만 이러한 논의들은

7) 체육, 스포츠 활동을 통하여 반영되고 있는 역사성과 시대성의 다양한 특징들은 인간의 삶을 이해하기 위한 보다 중요한 문화적 텍스트이다.

현존하고 있는 세계에 대한 비판과 개인의 개별적인 활동 그리고 일반적인 생활 사이의 관계를 통찰하지 못하고 있다(호르크하이머, 1983:288).[8] 이는 일상으로 자리 잡은 운동문화에 대한 스포츠철학이 담당해야 할 현대적 과제가 되기도 한다.

21세기 한국의 운동문화를 어떻게 바라볼 수 있는가? 과연 한국의 운동문화에 있어서 근대적인 식민주의와 제국주의[9]는 종식되었는가? 현대 자본주의 사회에까지 과거의 제국주의적 관계가 여전히 지속되고 있는 것은 아닌가? 그러나 이러한 물음에 대한 스포츠 철학분야의 선행연구를 발견할 수 없었기 때문에 이 연구의 동기가 더욱 강화되었다.

서구스포츠는 근대화 시기에 '계몽' 이라는 이름으로 수용된 선진적인 문물로서 약 이백 년간의 서양사회 및 서양이 지배하는 세계에서 생겨난 하나의 특수한 문화현상이었던 반면, 이제는 전 세계적으로 동서양을 막론하고 동일한 서구 스포츠를 모두가 즐기고 있다. 이러한 현상이 서구 스포츠가 가장 우수하고 문명적인 것임을 말해

8) 호르크하이머는 철학이 다른 과학과 비교하여 비현실적이고, 허무주의적인 한계를 넘어서 이러한 철학의 사회적 기능을 강조하고 있다. 그가 제시하고 있는 비판은 사람들이 현재의 사회조직을 통해 제시된 이념이나 활동 속으로 휩쓸려 들어가는 것을 방지하는 것이며, 자신과 사회의 관계에 대하여 통찰하는 방법을 배워나가는 것에 있다. 호르크하이머(1974), 조창섭 역. 1983: 288)

9) 프랑스의 사회철학자로 잘 알려진 알튀세르(Althuscer)에 의하면 현대 자본주의 국가도 이러한 지배와 피지배체제의 구조를 그대로 유지하며, 억압적 국가기구와 이데올로기적 국가기구라는 양 날개를 통하여 운영된다고 하였듯이 한국사회의 운동문화 역시 이 범주에서 자유롭지 못할 것이다.

주는 것인가? 철학은 이러한 문제의 해결을 위해 운동문화의 역사성과 총체성을 필요로 한다. 즉, 운동문화는 역사적으로 국민국가의 형성과정에서 이식된 지배 권력의 수단적 특징이었다든가, 문화의 대중화 과정에서 제국주의의 잔존물은 정치, 경제, 사회, 교육 등의 다양한 분야에서 지속되고 있다는 가정들을 피할 수 없게 되었다.

이러한 가정하에 앞으로 제기하려는 오리엔탈리즘(Orientalism)의 개념은 한국사회의 운동문화를 바라볼 수 있는 하나의 시각을 제시해 준다고 할 수 있다. 또한 이 개념을 지지할 수 있는 사유방식의 틀은 철학의 사회적 기능을 강조한 프랑크푸르트 학파[10]의 비판이론에 두었다. 특히, 프랑크푸르트 학파의 대표적인 이론가들로 알려진 호르크하이머(Horkheimer, M.1895~1973)와 아도르노(Adorno, Th. W., 1903~1969)의 《계몽의 변증법》을 통하여 계몽 뒤에 숨겨진 현대적 야만의 잔상이 '오리엔탈리즘'의 관점과 일맥상통함을 논의하고자 하였다.

10) 1914년 호르크하이머와 아도르노를 중심으로 한 프랑크푸르트 학파는 시민적 자유정신의 구현을 실천이념으로 하여 설립된 독일 프랑크푸르트 대학을 중심으로 성립되었다. 이 학파의 모체가 되는 것은 이 대학의 부설기관인 '사회연구소'이다. 1920년대 당시의 독일사회의 공산주의 또는 파시즘의 권위주의화되는 시대상황에서 무엇이 인간의 자율성을 억압하고 예속시키는가를 규명하는 데 모든 학문적 관심을 집중시켰다. 프랑크푸르트 학파에는 위의 두 사람 외에도 마르쿠제(H. Marcuse), 하버마스(J. Habermas), 폴로크(F. Pollock), 뢰벤텔(Leo Lowenthal), 벤야민(W. Benjamin), 프롬(E. Fromm) 등이 있다. 이들은 나치스의 등장으로 조국을 떠나 고달픈 망명 생활을 하면서 '비판이론적 연구'를 지속하였으며 전쟁이 끝나자 다시 프랑크푸르트로 돌아와 망명처에서 1932년 이래 출판되고 있었던 〈사회연구지〉를 속간하면서 이들의 학문체계를 비판이론으로 발전시켰다. 이들의 사색적 이력서는 마르크스 역사관에 심취했다가 실망한 나머지 전향하는 우여곡절로 점철된다. 이들은 항상 쫓기고 학대받아온 마음의 보금자리를 잃은 사색인들이었다.

왜 오리엔탈리즘인가? 이것은 동양에 대한 서양의 사고방식이자 지배방식을 통하여 전통적인 운동경기를 제치고 스포츠의 이름으로 전 세계에 확대될 수 있었던 서구문명의 전개과정상의 특징이다. 겉으로 보이는 한국사회의 스포츠와 체육은 서울 올림픽을 계기로 더욱 발전된 운동문화를 누리고 있다. 스포츠 인구의 증가, 운동기구의 전문화, 여가시대의 도래 등은 현대사회에서 스포츠와 체육이 차지하고 있는 운동문화의 발전적인 지점이다. 그러나 그 이면에는 운동문화의 다양성을 앞지르고 있는 획일적이고 동일한 풍경이 있다. 이는 각 나라, 인종, 사회가 가지고 있는 문화적 다양성에서 나타나는 '차이' 에는 무관심하며, '지배문화' 로의 편입이나 동화에 아무런 비판의식 없이 올림픽이나 월드컵과 같은 국제행사에서 인류공영의 휴머니즘을 추구하는 것이다. 그러나 우리는 이러한 인류의 감동적인 화합 안에서 지배와 피지배의 정치적인 관계와 빈부 계층 간의 불평등 그리고 문화적인 종속관계 등의 심각한 정치, 사회적 문제들이 끊임없이 은폐되고 있는 것은 아닌지 생각해 볼 필요가 있다. 예를 들어 올림픽이나 월드컵과 같은 국제적인 스포츠 행사들은 '국경을 초월한 스포츠' 또는 '스포츠에는 국경이 없다' 는 입장에서 세계화된 지구촌 가족의 이미지를 떠올리게 한다. 그러나 국제적으로 서구화된 동일한 스포츠 종목을 선호하게 된 현실 안에는 어떠한 권력관계가 개입되었을 것이라는 비판의 소리를 무시할 수 없다.

따라서 이러한 운동문화가 현대사회에 어떻게 정착되고 확대되고 있는가를 사회비판이론적 관점에서 고찰하고자 한다. 특히, 한국 운동문화 속에서 살펴볼 수 있는 오리엔탈리즘이 어떻게 파생되고 있는가를 분석하고, 한국 운동문화의 정체성 회복의 중요한 과제를 강조하는 데 연구의 목적이 있다. 다시 말해서, 이는 한국 운동문화의 발전과정에서 나타나는 문제점을 비판적 관점에서 고찰하고, 앞으로의 운동문화를 위한 역할과 과제를 제시하는 것이다. 이러한 목적을 위하여 다음과 같은 연구문제들을 설정하였다.

첫째, 한국 운동문화의 대중화 과정에서 살펴볼 수 있는 오리엔탈리즘의 의미와 특성은 무엇인가? 둘째, 오리엔탈리즘의 영향으로 파생되는 운동문화의 정착과 갈등은 사회비판적 이론의 관점에서 어떻게 살펴볼 수 있는가? 셋째, 한국 운동문화의 정체성을 회복하기 위해 필요한 인식은 무엇인가?

이 글은 오리엔탈리즘의 관점에서 한국 체육 · 스포츠의 역사 전체를 비판하려는 것이 아니다. 오히려 스포츠 강국으로서 한국사회에서 운동문화의 내실을 기한다는 취지이며, 현재 우리가 대중적으로 즐기고 있는 체육과 스포츠에 대해 정확한 인식과 자각을 시도하려는 것이다. 한국 운동문화에 대한 무관심과 더불어 서구문화에 대한 지나친 의존성과 상업성으로 인한 운동문화의 종속적인 관계의 이유를 살펴본다면, 한국 운동문화의 정체성 찾기는 더욱 절실한 철학적 과제가 될 것이다.

## 오리엔탈리즘과 사회비판이론 •••

사이드(Said, E.)는 한 신문기자와의 인터뷰에서 자신에 대하여 '지금은 쉽게 찾아볼 수 없는 소수자의 입장에서의 현실참여를 주저하지 않은 아도르노와 같은 유대계 지식인의 사상을 팔레스타인 출신인 자신이 승계했기 때문에 마지막 유대계 지식인' 이라고 말했다(김상률 외 2006: 75). '유대계 지식인' 에 대한 사이드의 의식은 단순한 것이 아니다. 왜냐하면 서구와 이슬람의 관계를 해부한 《오리엔탈리즘》의 문화비판적 의의가 국지적 차원을 넘어 서구와 전 지구적 식민지의 관계로 확대하였듯이, 아도르노는 호르크 하이머와의 공동저서 《계몽의 변증법》에서 파시즘의 반유대주의적 요소들을 계몽의 퇴보라고 지적하면서 계몽의 원리를 파악할 수 있는 비판적 사고를 철학의 사회적 기능으로 승화시켜주었기 때문이다. 이들에게 있어서 유대인에 대한 편견과 억압의 역사적 사건은 단순한 인종차별이나 권력통치에 대한 고발을 의미하기보다는 현재, 어디에서나 지속 가능한 제국주의와 식민주의에 대한 경고이며 탈식민 문화운동의 출발을 의미한다.

일본은 이미 서양문명의 수용을 보편적인 방식으로 인식하고 있었으며, 같은 아시아인들 사이에 피부색의 차이나 뚜렷한 문명의 차이가 별로 없었기 때문에 제국주의의 우월성을 정당화할 수 있는 방법은 서구의 문명화를 강조하는 것이었다. 특히 천황을 섬기는 하나의 민족과 국가를 만드는 동화정책에서도 문명으로의 계몽은 중요한 과제가 되었기 때문에 식민통치의 대상이었던 조선의 역사와 전통은 서구문명의 틀 안에서 재단되었다고 할 수 있다. 당시의 제국주의와 식민주의의 문명화 과정에서 전통 스포츠 역시 원래의 맥에서 많은 것들을 잃어야만 했다. 예를 들면 일본의 유도, 검도, 공수 등을 도입하고 토착화해야만 했던(한국역사연구회 1998: 237) 사실만 보더라도 한국의 운동문화가 도입, 정착되는 과정 안에서 근대화의 현저한 특징으로 두드러지는 제국주의와 식민주의를 알 수 있다. 특히 야만과 문명이라는 이분법적 도식에서 약육강식의 지배적인 논리가 되었던 사회진화론의 영향은 피지배자를 지배자에 의하여 끊임없이 계몽되어야 할 대상으로 만들었다. 여기서 동양에 대한 서양의 왜곡된 시선이 관련될 수밖에 없다. 이는 야만적인 것을 억압하고, 서구 문명화의 정당성을 확보할 수 있는 시각으로서의 오리엔탈리즘의 전개를 의미하기도 한다. 또한 오리엔탈리즘은 호르크하이머와 아도르노가 저서에서 주장하였던 '계몽의 원리' 나 '도구적 이성' 의 대표적인 사례라고 볼 수 있다.

일제 식민지기를 벗어나고, 미군정기를 거쳤다 해서 제국주의와 식민주의가 한국사회에서 종식되었다고는 볼 수 없다. 왜냐하면 이는 자본주의의 사회적 현실에서 과거의 인식이 그대로 이어지기도 하거니와 우리 자신에 의하여 재생될 수 있기 때문이다. 이러한 측면에서 사회적 현실에 대하여 역사성과 총체성을 부여한 사회비판이론적 시야는 스포츠의 사회철학적 연구의 영역을 확장시켜줄 수 있다(박현우 외, 2005: 60). 그동안 체육학 내에서 한국 운동문화에 직접적으로 이러한 관점을 시도한 것은 거의 없었으며, 선행적으로 살펴볼 수 있는 연구들은 스포츠철학의 윤리적인 측면과 존재론적 측면에서 몸, 건강, 여가, 운동선수, 약물중독, 체벌 등의 주제가 대부분이라고 할 수 있다.

따라서 현대사회의 운동문화는 산업화되고 자본화된 특징 안에서 대중문화와 문화종속의 문제를 거론한 호르크하이머와 아도르노의 입장을 유지할 것이다. 운동문화의 오리엔탈리즘 비판과 관련하여 이들의 관점은 중요한 의의를 가질 수 있다. 첫째는 철학의 기능을 사회현실에 대한 비판적 관점에 두고 있는 기본적인 사고의 틀을 제공한다는 것이며, 둘째는 과거의 개념이 되어 잊혀질 수 있는 오리엔탈리즘 개념에 대한 반성의 가능성과, 현재까지도 자본주의적 대중문화 안에서 잠식되어 확대되고 있는 문화산업으로서의 운동문화를 인식할 수 있는 길을 열어주기 때문이다.

구체적인 이 연구의 방법은 한국 운동문화 안에서의 오리엔탈리즘을 분석, 비판하기 위하여 역사사회학적 관점과 사회비판이론에 대한 검토를 중심으로 한 문헌조사와 자료분석을 들 수 있다. 우선 오리엔탈리즘이라는 이론적 가설을 검증하는 데 있어서 연구 주제와 관련이 있는 역사적, 사회비판이론적 관점은 문헌연구들을 참고하거나 운동문화와 관련된 주제와 내용을 검토하고 인용하였다. 이러한 방법은 운동문화의 현실비판을 통한 한국운동문화의 현대적 상황을 재인식하고 반성하는 인식의 틀을 제공한다고 본다.

# 운동문화의 오리엔탈리즘 • • •

## 1. 오리엔탈리즘의 의미와 전개

### 1) 오리엔탈리즘의 의미

'오리엔탈리즘' 은 에드워드 사이드(Said, E., 1935~2003)의 대표적인 저서 《오리엔탈리즘(Orientalism)》에 의하여 더욱 잘 알려진 용어이다. 일찍이 영국 및 프랑스 그리고 19세기 초까지의 오리엔탈리즘은 실제로 오직 인도와 성서 관련국만을 의미한 동양(Orient) 사이에서 경험된 특수한 근접관계에 그 기원이 있다고 할 수 있다. 그에 의하면 19세기 초엽부터 제2차 세계대전까지 영국과 프랑스가 동양과 오리엔탈리즘을 지배하였고, 제2차 세계대전 이후에는 과거의 프랑스와 영국과 같은 방식으로 미국이 동양을 지배하게 되었음을 지적하였다(에드워드 사이드, 1999: 17).

사실상 이 용어는 사이드에 의하여 만들어진 새로운 개념이 아니다. 이미 서구에서는 '동양학' 이라는 의미 외에도 서양이 동양에 반응하는 방식으로 서양 또는 서양인이 동양이나 동양문화에 대하여 갖는 태도와 관념, 이미지 그리고 서양인이 동양에 대하여 만들어내는 담론이란 뜻을 포괄하고 있다(정진농, 2003: 13). 즉, 이러한 담론이 제국주의, 다원주의, 인종주의 등과 관련되어 서양에 비하여 열등한 동양을 상징하는 기호로 사용하게 되었으며 오리엔탈리즘은 '오리엔트(Orient)'에 '이즘(-ism)' 이 합성된 용어이기는 하지만 동방 또는 동양을 주체로 하여 만들어지기보다는 동양을 바라보는 서양의 태도를 의미한다. 사이드 역시 이러한 관점을 서양의 지배와 권력행사를 위한 담론이라는 비판적인 논리로 전개하였다. 사이드는《오리엔탈리즘》에서 논의의 대상을 영국, 프랑스, 미국과 관련된 아랍과 이슬람문화권(지금의 중동지역)으로 한정하고 있지만(에드워드 사이드, 2002: 44), 1993년에 출판된《문화와 제국주의》에서는 서양이라는 근대세계의 중심부의 모든 주변지역 사이에 형성되어 있는 총체적 관계의 도식으로 확장하였다(박영신, 1993: 64).

이러한 오리엔탈리즘의 시각은 그동안 무비판적으로 진행되어온 문화, 역사, 사회, 권력 등의 특정한 관점에 대하여 현실을 인식할 수 있는 비판적 사고의 가능성을 열어준다.

### 2) 오리엔탈리즘의 다양한 관점들

사이드의 관점 이전의 오리엔탈리즘에 대한 시각은 크게 부정적 오리엔탈리즘과 긍정적 오리엔탈리즘의 의미가 내포되어 있었다. 즉, 부정적 오리엔탈리즘은 동양에 대한 경시와 멸시적 태도를 의미하였다. 반면에 긍정적 오리엔탈리즘은 동양의 문화를 가치 있고 독특한 진리를 반영하고 있는 것으로 보는 태도를 의미한다. 물론 사이드의 입장은 동양지배를 위하여 서구의 시선으로 동양을 열등한 대상으로 타자화한 오리엔탈리즘의 부정적인 관점을 비판한 것이라고 할 수 있다. 이 개념의 또 다른 종류로서 사이드 자신이 앞의 저서 제3장에서 서술하였던 잠재적 오리엔탈리즘(Latent Orientalism)과 명시적 오리엔탈리즘(Manifest Orientalism)을 들 수 있다. 여기서 잠재적 오리엔탈리즘은 동양에 대하여 서양인이 가지는 무의식적 확신이며, 변하지 않는 고정관념이 밖으로 표출되지 않고 잠복되어 있는 것으로 수동적인 특성을 가지고 있다. 그러므로 서양에 의하여 지배되고, 교정되어야 할 열등한 타자로 서양인의 무의식 속에 내면화된 것을 의미하며, 이것을 말과 행동으로 표현된 것을 명시적 오리엔탈리즘이라고 보고 있다.

다른 연구에서는 단편적이고 부정적인 오리엔탈리즘의 측면보다는 다양하고 복합적인 개념을 포괄하고 수용하고 이해할 수 있는 방편으로서 세속적 오리엔탈리즘, 구도적 오리엔탈리즘 그리고 혼성적 오리엔탈리즘이 나타난 바 있다(정진농, 2003: 32). 즉, 세속적 오리엔탈리즘은 동양에 대한 서양의 지배담론으로 세속적, 정치적, 물질적으로 동양을 지배하고자 하는 태도와 관념을 포괄하는 개념이다. 그리고 구도적 오리엔탈리즘은 서양인들이 바라본 동양인의 종교적, 정신적, 심미적 가치를 인정하는 입장에서 동양에 대하여 일종의 구도적 동경심을 갖는 태도를 의미한다. 또한 혼성적 오리엔탈리즘은 동양과 서양을 서로 단절시키고 배제하기보다는 서로 융합하고, 혼성하여 오랜 전통을 함께 구성하는 복합적 속성으로 이해하는 관점을 가리킨다.

그러나 동양의 서구화된 문화의 영역들 안에서는 부정적 오리엔탈리즘의 영향을 더욱 많이 받고 있는 것으로 나타나고 있다. 특히, 인도를 묘사한 현대문학작품 속에서 특징을 살펴본 이옥순의 저서 《우리 안의 오리엔탈리즘》에서 잘 설명되었다. 즉, 그녀는 박제오리엔탈리즘과 복제오리엔탈리즘이라는 독특한 설명을 보여주고 있는데, 박제오리엔탈리즘이란, 영국이 자국의 우월성을 돋보이게 하기 위하여 인도를 야만적이고, 비합리적인 인도라는 '상상된' 부정적 이미지를 박제화한 것을 말한다. 복제오리엔탈리즘은 이러한 이미지가 같은 동양인 스스로가 인도를 열등한 '동양'으로 타자화하면서 그 자신을 발전한 서양과 동일시하는 측면을 말한다. 때문에 그녀는 한국의 신문과 잡지는 부정적이고 발전하지 못한 미개한 인도의 이미지를 재생산하는 데 기여하고, 복제오리엔탈리즘을 대량으로 유포하는 데 중요한 수단이 됨을 지적하였다(이옥순, 2002: 29). 여기서 제시된 복제오리엔탈리즘이야말로 서양에 의하여 창안된 부정적 오리엔탈리즘의 요소가 다시 한국 안에서 같은 동양인을 바라보는 시선과 태도로 작용함을 간파한 것이라고 할 수 있다.

복제오리엔탈리즘은 사이드가 제시했던 잠재적 오리엔탈리즘과 중복되는 특징을 보이고 있으며, 서양으로부터 시작된 동양에 대한 경시적인 태도의 요소를 포함하고 있다. 그러나 이는 다시 우리 자신에 의하여 스스로를 타자화하며 서구문화를 동일시하여 복제되는 문제들로 지속될 수 있다는 것을 보여주는 중요한 사회비판이론적 시각과 만나는 지점이라고도 할 수 있다. 예를 들면, 서양의 기술과 과학에 절대적으로 의존하고, 서양사상을 좇으며 그들의 생활양식을 닮고자 하는 것에 그치지 않고, 우리 안에서 스스로 서구적인 잣대에 평가의 기준을 두고, 비서구적이거나 전통적인 것에 대한 무관심이나 편견 그리고 왜곡된 인식 등으로 가치 절하되는 경향들을 들 수 있다. 이러한 오리엔탈리즘의 특성은 내용은 다르더라도 지배와 피지배의 공통된 구도를 가지고 역사, 사회적 맥락에 따라서 계속 재생산되어왔다고 볼 수 있다. 이러한 복제오리엔탈리즘의 경향은 한국사회의 대중문화 안에서 자본주의의 발전과 함께 더욱 현저하게 나타나고 있다. 특히 체육과 스포츠 활동을 포괄하고 있는 운동문화 안에서 이러한 문제들이 지속되어 왔다는 것을 부인할 수 없을 것이다.

## 2. 운동문화에서의 오리엔탈리즘

운동이 대중적인 문화로 자리 잡을 수 있었던 시기는 언제부터인가? '근대' 라는 역사적 맥락 안에서 발전된 서구스포츠는 운동문화의 대중성에 많은 영향을 주었다. 스포츠가 역사적으로 영국을 중심으로 근대화되었다면, 현대에는 미국을 중심으로 더욱 확대되어왔다고 볼 수 있다. 다시 말해서 지난 두 세기 동안 영국과 프랑스가 독특한 문화질서를 가진 제국주의적 문화로 서로 경쟁했던 것처럼 미국은 20세기 후반부터 사회, 정치, 경제, 문화등의 분야에서 거대한 제국의 모습을 드러냈다(에드워드 사이드, 1999). 여기서 근대화된 문화는 곧 서구화를 의미하며 제국주의적 궤적을 가지고 한국사회에서도 마찬가지로 대중적인 문화로서 확산되었다. 특히, 한국에서 대중매체를 통하여 대중문화가 수용되기 시작한 것은 경제성장의 시기와 거의 일치하는 1960년대 후반부터이다. 그리고 현대의 대중문화가 전국적으로 확산된 것은 1970년대 중반부터라고 할 수 있다(강현두, 1998). 그러나 개화기의 서구문물수용과정과 일제식민를 거쳐 미군정 시기에 새로운 근대문화를 만난 한국사회는 기존의 전통적인 행위를 지속시키거나 발전시키기에는 많은 제한을 가지고 있었다. 예를 들어 전통적인 것은 구습적인 것, 즉 타파되어야 할 계몽과 배척의 대상이 되었을 뿐이다. 이러한 과정에서 한국의 토착적인 운동문화는 더욱 현대적이고 진보적인 그리고 서구적인 운동문화에 그 자리를 위임해야만 했다.

가장 최근의 연구인 〈근 · 현대 한국체육문화 변천사〉에서는 체육문화의 유입기(1876년 문호개방 이후부터 일제강점기), 체육문화의 과도기(1945년 광복 후부터 군사정권에 의한 시기), 그리고 체육문화의 정착기(1988 서울 올림픽 이후부터의 생활체육화)를 들고 있다(하웅용, 2002: 41). 이 연구에서도 드러나듯이 서구로부터 유입된 운동문화가 대중에 의한 자발적인 문화로 정착되기까지는 격동의 역사를 배경으로 88 서울 올림픽을 기점으로 이루어졌다. 그 이전에는 식민주의, 민족주의 그리고 국가경쟁력을 중심으로 제한적인 영역에 머물러 있었다.[11]

11) 한국에 근대적 운동경기가 보급된 것은 대부분 대한제국시기(1897~1910)였으며, 당시 소개된 근대적 운동경기는 1900년에서 1909년 사이 주로 외국인 선교사들에 의해 도입되었다(이학래, 2003:242, 248). 그러나 이러한 운동경기들은 대중적으로 일반인에게까지 광범위하게 보급화되지 않았고 황성기독교 청년회나 서울 소재의 몇몇 학교에서 행해지는 데 불과한 것이었다.

1) 일제 식민통치하에서의 운동문화

한국인에게 근대적인 시간구조는 언제부터 형성되었을까? 1895년 음력 5월 10일, '관청집무시한'을 내각에서 발표하여 7일 단위의 시간구조가 처음으로 시작되었다. 이러한 일요휴무법제화는 서구스포츠의 경기와 관람을 활성화시키는 토대를 마련해주었다. 1896년의 대한 축구구락부를 시작으로 서구스포츠 행사는 1910년대에 새로운 근대적인 놀이로 정착되었다. 또한 1927년 4월 19일 동아일보에는 '스포-츠' 란이 신설되어 스포츠 경기에 관한 소식들이 2~3건 이상 보도된 것을 보면 당시의 스포츠의 열기를 알 수 있다(조현범, 2003: 214, 223). 스포츠는 도시의 세속적인 문화가 되었으며, 일반인들에게 새로운 활동으로 전개되었다. 개화기의 서구문화의 유입은 새로운 문화로부터의 충격에도 불구하고 서양문화의 충격을 극복하기 위한 노력이 있었다. 즉, 서구스포츠를 적극적으로 수용하여 외세에 대항하는 민족의식을 높이고, 한국인의 긍지를 불어넣기 위한 수단으로 삼았기 때문에 서구 스포츠는 더욱 빨리 한국사회에 수용될 수 있었다.[12)]

그러나 일반인들의 일상생활에서 존재하고 있던 전통놀이나 기존의 운동 형태는 점차 소멸되거나 그 가치를 인정받기 어려운 상황에

12) 1876년 병자수호조약을 계기로 華夷論의 위기의식과 민족자존정신이 결부되어 東道西器論으로 발전된다. 이는 해외지식과 기술을 수용하여 부국강병을 이루어야 한다고 보는 개화사상을 중심으로 국민의식개혁을 통해 국권회복을 이룰 수 있는 잠재력을 키워야 한다고 보는 애국계몽 및 교육구국운동을 의미한다.

처하게 된 것이다. 오히려 합리적인 근대성의 잣대에서 기존의 씨름과 같은 경기는 더욱 합리적으로 개량화되었다고 볼 수 있다. 또한 일반인들이 일본인들이나 신지식층에 의하여 주도된 야구, 자전거 경주, 축구, 승마, 정구, 빙상, 유도, 검도, 골프 등의 각종 스포츠를 접할 수 있는 기회는 구경이나 관람의 형태로 일반화되었다고 짐작할 수 있다.

일제 강점기의 사회문화적 특징은, 모든 것이 한국이 아닌 변화하는 일본의 문명화정책의 필요를 반영하고 있었다. 더욱이 식민정부는 한국인의 자치적인 체육활동을 제한하고, 군사적인 목적을 달성하기 위한 병식체조와 체력단련으로서의 체육의 운동문화를 추진하였다. 결국 이 시기의 운동문화는 타율적인 개방 속에서 부국강병과 근대교육 그리고 선교활동을 목적으로 이루어지기 시작하여 일본인에 의한 군사문화의 지배를 받는 순종하는 신체를 만들기 위한 문화적 장치가 된 것이다.[13)]

### 2) 해방 이후의 운동문화

36년간의 일제통치와 뒤따른 미군정기 이후의 1960년대의 한국 정부는 역사적 과제로서 근대화의 목표를 추진해야만 하였다. 이 시기에는 '국위선양', '수출증대', '민족중흥', '국력', '하면 된다',

13) 이러한 관점에서 근대사회에서의 사회적 규율과 훈련을 통해 사회문화적 환경 안에서 순응된 신체를 만들고, 권력을 위한 수단적 의미로 신체활동을 간파한 푸코(Foucault, 1977)의 논의는 널리 알려져 있다(박홍규, 2003: 235~236).

'강력한 추진과 결단', 심지어 '수출전쟁', '무역전쟁', '수출전사', '산업전사'와 같은 군대식의 국가 차원의 슬로건이 등장하였다. 이러한 정부와 산업에 의한 영향은 다음 20년까지도 영향을 주었으며 근면한 작업을 위한 요구와 수출목적을 강조하는 국가 캠페인은 TV, 라디오, 신문, 잡지 등의 대중매체를 통하여 등장하였다(Andrew Eungi Kim, 2005: 144). 이러한 1960, 1970년대의 근대화와 산업화에 전력을 다하는 과정에서 필요한 국민의 높은 체력은 국가의 중대한 선결과제가 되었다. 대표적으로 국민체육진흥법의 제정과, '체력은 국력' 과 '체육입국' 이라는 구호를 동원하여 '국위선양' 의 스포츠 활동에 모든 국민이 적극적으로 참여할 수 있도록 하였다(박현우 외, 2005: 119). 또한 산업화는 고향으로부터의 이주를 통하여 새로운 작업환경에 적응해야만 하는 결과를 가져왔으며, 산업노동의 형태는 한국인에게 낯선 도시문화를 수반하며, 전통놀이와 같은 운동형태가 개량되어 경쟁적이고 오락적인 형태의 서구 스포츠가 대중화되었다. 실제로 강력한 이미지로 관객을 모았던 프로스포츠는 컬러 텔레비전 보급률이 90%에 달하면서 대외적으로 '조국의 근대화', 개인적으로는 '성공' 의 아이콘으로 자리 잡았다(박노자, 2005: 37). 결국 자본주의적 근대화의 이름으로 한국인의 운동문화는 더욱 서구적인 것으로 합리화되고 합법화되었다고 할 수 있다. 이는 유럽의 선진형 운동문화가 이미 경제적인 토대를 가지고 저변이 확대될 수 있는 발전이 되어온 것과는 달리 한국의 경우 경제적인 발전과정의 산업화 단계에서 체육이나 스포츠 활동이 도구화되었기 때문에 '위로부터의 문화'는 불가피한 상황을 의미한다.

특히 한국사회에서 서구문화의 대중화는 운동문화를 이해하는 데 중요한 인식의 출발점이라고 할 수 있다. 서구 중심적 사고의 측면에서 동양문화는 외부의 문화를 수용하는 데 있어서 적극적인 태도를 분명히 할 수 없는 권력관계에서 동양문화 특유의 독자성을 유지하는 데 많은 어려움이 있다. 또한 한국운동문화가 서구화된다는 것은 스포츠 용품의 소비와 최신기술지원이나 훈련방법에 있어서도 서구와의 관계를 벗어날 수 없다는 것을 의미한다.[14] 그나마 유지되어온 고유의 운동문화조차도 명확한 규칙을 가진 경쟁적인 신체활동으로 개량화되었다. 예를 들면, 일본의 유도경기나 태권도와 같은 전통운동 역시 스포츠 경기로서의 조건을 만족시키기 위하여 서구적인 경기규칙으로 거듭난 지 오래이다. 태권도에 스며 있는 한국 고유의 정신세계는 승부와 점수로 대치되었다. 그러나 스포츠 시장 안에서는 대표적인 전통 스포츠로 알려진 씨름조차도 가까운 일본의 스모와는 대조적으로 파국지경에 이르고 있으며, 공교육 과정에서조차 체육내용과 평가의 기준은 서구의 스포츠 내용에 입각하고 있다.[15]

14) 스포츠 의류만을 보더라도 나이키(Nike), 아디다스(Adidas), 리복(Reebok) 등의 세계적인 의류기업들은 브랜드 가치가 높아 제품이 선호되어 우리 생활의 일부가 되고 있으며, 국내 스포츠 의류업계들은 지속적인 내수 부진으로 불황을 겪고 있다(이정학, 2004: 287~288).

15) 중고등학교의 거의 모든 구기 종목들은 축구, 농구, 배구, 핸드볼 등이 지배적이며, 체육수업 모형조차도 서구의 교육적 환경을 기반으로 개발되어 한국에 적합한 수업모형의 개발이 필요하다(이병관, 2004: 900).

이미 서구에서는 1960년대에 운동에 대한 사회과학적 접근들이 시작되어 당시의 기능주의적인 틀 안에서 건강과 체력뿐 아니라 인성발달의 촉진제로 사람들을 사회에 기능적으로 통합하는 데 유용한 태도, 규범, 가치를 재생산하는 활동으로 인식하는 데 기여하였다. 그러나 1970년대와 1980년대에 접어 들면서 운동을 바라보는 관점은 이전의 기능주의적이거나 비정치적으로 보는 것을 탈피하여 좀 더 복잡한 문화의 한 영역으로 인식되었다. 즉, 사회과학자들은 운동문화와 관련된 계급관계와 민족주의 이데올로기 그리고 문화적 편견들을 내포하는 것으로 설명하게 되었다. 이러한 영향은 한국운동문화에서도 드러나고 있다. 예를 들면, 1960년대에서 1980년대의 특징은 조국의 근대화를 목표로 하는 가운데 국가에 소속된 개인의 정체성을 부여하였다면, 88 서울 올림픽을 치른 이후 1990년대는 경제발전의 성취와 복지국가의 실현을 강조하는 데 있어서 개인의 자발적인 여가활동과 자기개발을 목적으로 운동문화를 일상생활화하기 시작하였다. 2003년부터 시행된 주 5일 근무제의 공식화된 여가시간의 증대는 일 년의 삼분의 일가량을 휴가로 제공하고 있으며, 건강에 대한 관심의 대중화는 더욱 서구화되고 과학화된 운동양식을 따르게 되었다.

이러한 운동문화의 변화 안에서 우리에게는 서구적인 것이 과거의 전통적인 것[16)]보다 더 자연스러운 것이 되었다. 그 예로, 스포츠

16) 오히려 전통적인 것은 또 하나의 새로운 문화상품으로 창안되어 무대 위에 시연되기 때문에 그 행위 안에서 역사성과 전통적 맥락을 찾는 일은 중요한 문화적 과제가 될 것이다.

경기로 잘 알려진 야구, 축구, 에어로빅, 골프, 등을 보더라도 그 기원은 서구문화에 있으며, 전통적인 활쏘기와 정식종목인 양궁 경기는 형태만 같을 뿐 다른 내용의 운동이라고 할 수 있다. 우리들에게 익숙한 것은 전통적인 수박이나 씨름경기 대신 복싱이나 레슬링, K1과 같은 서구 스포츠에 더욱 익숙해 있다. 이것은 스포츠를 통한 지구촌 안에서 메달석권을 통하여 한국을 알리는 국위선양의 목표를 착실하게 실천할 수 있는 국제적인 종목들이다. 그러나 간과할 수 없는 것은 '태극 전사' 들의 활약으로 알려진 한국사회 안에는 진정한 세계화에 동참할 수 있는 우리 고유의 운동문화에 대한 반성적 성찰이 결여되어 있다는 점이다. 한국 운동문화의 근대화는 서구의 식민지 지배를 겪으면서 자율성과 책임성이 배제된 채 왜곡되고 종속된 문화로 형성될 수밖에 없었다. 또한 약 3세기에 걸쳐 형성된 유럽의 근대화 과정에 비하여, 한국의 수십 년이라는 짧은 기간의 압축적인 근대화 과정[17]은 외래적인 것에 대한 비판과 재고의 시간적 여유 없이, 서구적인 문화와 정보의 흐름에 편입된 것이 우리의 현실이다. 이러한 사정은 60년대 이후의 정치와 대중문화의 형성에 지대한 영향을 주었으며 맹목적인 오락문화로서의 급속한 성장은 진정한 문화의식의 형성을 더욱 지연시켰다.

17) 한국의 급격한 사회변동현상에 대하여 장경섭은 압축적 근대성이라는 개념으로 설명하고 있다. 즉, 압축적 역사적 구조는 개항 이후 조선사회는 근대화에 대하여 내부적 합의에 실패하였으며, 이러한 실패에 대하여 일제 식민치하에서 이루어진 무의미한 근대화, 미국세력 위에 더해진 근대화의 상태, 냉전과 진영의 차이에 의한 사회적 억압, 사회발전과 근대화를 따라잡기 위한 노력을 거쳐 세계화를 이루고자 하는 과정에 근거한다(장경섭, 1998).

## 운동문화의 정착과 갈등 • • •

호르크하이머는 《전통이론과 비판이론》에서 이미 이러한 독점자본주의하에서는 개인의 상대적 자립성이 사라지며, 개인은 자기 자신의 생각을 갖기 못한다고 지적한 바 있으며 진정한 비판적 사고에 인간성의 미래가 달려있음을 경고하였다(조창섭 역, 1983: 196, 200). 20세기 사회문화에 대한 비판가로 잘 알려진 호르크하이머와 아도르노는 현대 독일의 인문사회과학의 대표자라고 할 수 있다. 그 이유는 이들의 삶에 독일 근대사의 중요한 궤적들이 새겨져 있으며 지식인이 사회 속에서 자기 정당성을 확보할 수 있는 유일한 길로서 비판정신의 유지에 있음을 보여주고 있기 때문이다(노명우, 2005: 78~79). 이들의 비판정신은 공저인 《계몽의 변증법》(김유동 역, 1996)에 잘 나타나고 있다. 이들은 당시 독일의 파시즘에 대항하는 비판의식과 계몽의 원리가 '문화산업' 으로 대중을 기만하고 있음을 폭로하였다. 또한 계몽이 어떻게 퇴보하는가를 보여주기 위한 사례로서 마지막 장에서 '반유대주의의 요소들: 계몽의 한계' 를 들고 있다. 결국 호르크하이머와 아도르노는 '계몽', '근대', '합리성' 에 내재한 '비합리성' 과 '도구적 이성'을 규명하여 현대사회에서도 지속될 법한 계몽의 원리를 밝혀주고 있다. 호르크하이머에 의하면 '도구적 이성' 이란 근대사회에서 합리성이 강조된 나머지 이성의 도구화를 초래하는 것을 말하며, 이같은 현상은 '시장지배적 이성' 에서 가장 잘 나타난다(신일철, 1990: 22).

계몽의 원리와 같은 통찰력은 현대 자본주의 사회의 운동문화라는 거대한 문화산업에도 적용 가능하다. 비판이론의 관점에서의 문화연구는, 문화현상의 단순화에 가려진 개인의 사회적 존재임을 밝히기 위해서 문화반성이나 문화의식에 비판적인 성찰을 중요시한다. 또한 이러한 관점은 정치적 갈등과 사회적 맥락을 중요시하며 (김성곤, 2002: 48) 일상생활 안에서 어떻게 이데올로기와 권력이 작용하고 있는지를 성찰하여, 보이지 않는 권력관계를 드러내줄 수 있는 이론적 틀이 되기도 한다.

근대적인 서구스포츠를 수용하는 동안, 전통적인 운동문화는 새로운 문명으로부터 소외되어왔다. 한국인의 이상적인 체형조차도 서구적인 음식문화와 운동문화에 의하여 호르크하이머와 아도르노가 말했던 '관리되는 세계' 안에 있다. 1960년대와 1970년대는 근대화, 산업화의 과정에서 효율성과 능률성, 빠른 속도를 추구하는 현대적(=서구적) 가치가 더욱 고조되었다. 더욱이 1980년대 이후, 서양화, 고급화, 국제화의 물결을 타고 미국농구팀의 마크나 월트디즈니의 캐릭터, 외국유명 브랜드의 상품들이 소비시장에 범람하게 되고, 과거 한국인에게 일상적이었던 전통은 오히려 의례적이거나 행사적인 특별한 것이 되었다.

현대 자본주의 사회에서 문화는 호르크하이머와 아도르노의 예상대로 하나의 상품으로 전락되었다. 이러한 문화산업의 등장은 오리엔탈리즘의 이미지가 현대사회에도 지속적으로 재생산된다는 것을 말해주며, 대량적으로 대중에게 소비될수록 우리 안의 복제오리엔탈리즘은 더욱 재강화되고 있다.

그동안 단기간의 산업성장의 목표인 산업화 과정은 노동의 윤리를 기반으로 한국의 자본주의적 근대화는 합리화, 합법화되었다. 또한 이러한 맥락에서 체육정책은 국위선양과 노동력의 강화라는 측면에서 관주도적으로 강조되었다. 만약 국위선양을 위한 엘리트체육의 훈련방식과 기술의 강조 그리고 경쟁의식은 전문적인 운동선수를 위한 조건들일 수 있지만, 생활체육이나 학교체육에도 그대로 반영되어 기능 위주의 운동문화가 계속된다면 운동과정이나 경험이 삭제된 결과 위주의 왜곡된 운동의 목적을 낳을 수도 있을 것이다. 또한 노동력 강화를 위한 운동은 '생존경쟁' 또는 '힘 겨루기' 의 수단적인 의식을 조장할 수 있고, 체육과 스포츠에 대한 개인의 의식 없이 단순히 기분전환과 오락성을 추구하게 할 수도 있다. 이러한 운동에 참여하는 사람들은 자본가의 최대 이윤에 맞추어 짜여진 프로그램으로서의 문화산업의 소비자로 전락된다.

문화산업의 개념은 문화를 생산하기보다는 소비하는 데 가까운 대중문화적 관점에서 현대사회의 문화를 비판한 호르크하이머와 아도르노에 의하여 처음 만들어졌다. 즉, 문화산업이란 대중들에게 비노동시간에 대중들을 즐겁게 하는 데 이바지하는 영화, 재즈, 팝음악, 텔레비전, 잡지, 그리고 라디오와 같은 오락산업을 의미한다. 이미 프로스포츠의 지나친 상업주의에 대한 지적들이 있어 왔으나, 그 영향은 줄어들지 않고 있는 것이 현실이다.

## 1. 운동문화의 상업성

한국사회에서 대량생산된 상품이 판매되기 시작한 것은 1876년 개항 이후, 서양의 공산품들이 본격적으로 수입되어 신문에 영업 광고를 게재하면서부터이다(한국역사연구회, 1998: 116). 이러한 신문광고는 광고주가 대부분 외국인이었고 외국상품의 광고였기 때문에 조선경제의 대외종속을 보여준다고도 할 수 있다. 이러한 종속현상은 현재에도 여전히 유효하다. 현대의 가장 구체적인 상업성을 지적한 대표적인 예로서 스포츠 용품의 기업화를 들 수 있다. 이미 레이피버는 마이클 조단과 나이키 운동용품 회사가 지구에 자본주의 문화를 전파하고 고착화시킨다고 주장하였다(이정엽 역, 2001). 즉, 나이키와 리복 등 여러 스포츠 용품 생산 회사들은 다국적 기업으로서 생산과 소비의 새로운 패러다임을 전파하고 있으며, 사회적, 문화적 영향력을 범세계적으로 뻗치고 있다. 심지어 2002년 가을, 부산에서 열렸던 14회 아시안게임에 휠라 운동복과 나이키 모자를 쓰고 나타났던 북한 선수 응원단에서도 읽을 수 있다(장석정, 2003: 83). 이러한 문화산업이 스포츠나 운동을 매개로 하여 스포츠 영화, 스포츠 중계, 스포츠 연예가 소식, 스포츠 잡지 등의 영역에서 거대하게 실현되고 있다. 또한 이러한 스포츠의 커다란 영역은 대부분 서구로부터 소개된 최신의 정보와 유행들을 담고 있다.

대중문화로서의 스포츠는 대중을 하나의 정체성으로 통합하기 위한 당시의 체육정책과도 긴밀한 관계를 가지고 있다. 즉, 스포츠의 경쟁 메커니즘은 특정집단이나 개인을 집단적 정체성의 규범으로 통합하는 역할을 하기 때문에 문화검열이 있었던 시기에도 스포츠나 운동에 대해서는 통제보다는 정치적인 수단이 되었다. 예를 들어 제5공화국 초기 프로 야구가 시작되었던 것도 독재정권의 정당성 없는 권력의 교묘한 문화통치의 전략이었으며, 86 아시안 게임과 88 올림픽을 유치한 것도 전두환 정권의 불법적이고, 폭력적인 방법으로 정권을 탈취한 권력의 정당성을 확보하고, 국민정서를 통합하기 위한 수단이었다는 관점들이 있다(김창남, 1998: 214). 이러한 정치적 목적은 운동문화의 대중화를 부추기는 역할을 하였으며, 문화의식의 질적인 발전보다는 대중적인 문화의 양적 발전을 가져옴으로 해서 운동에 대한 수요 증가는 운동상품의 시장적인 가치를 높이는데 기여를 하였다고 볼 수 있다.

또한 이러한 정치에 따른 문화산업은 자본시장의 발전도상에서 결정적인 새로운 단계로서 간주된다(로젝, 2002: 49). 그것은 대중들이 진정으로 자유롭다고 느끼는 바로 그 순간에 오히려 그들을 조정하게 된다. 대중들에게 의문시되지 않는 오락을 애국적이거나 보수적인 성격을 띤, 명시적이거나 암묵적인 메시지와 함께 제공하는 것이 이러한 것들이 발생하는 하나의 방식이다.[18] 그러한 메시지들은 현대사회를 위한 최상이고 어떠한 근본적인 것도 비판받거나 변화될 필요가 없다는 것으로 생각하게 한다. 오히려 이러한 사회를 비판하는 사람들은 사회에 부적합하고 의견을 달리하는 사람으로 간주된다. 그렇다면 이러한 입장에서 기존의 운동문화는 비록 문화산업의 한 부분이 된다고 해도 본질적으로 유익한 것으로 여겨지게 되며, 문화산업의 비인간적 측면에 비판을 가하는 것은 비정상적이고 비현실적인 문제제기가 될 뿐 아니라 문화상품에 의해 종속되는 관계를 드러내는 것이다.

## 2. 운동문화의 타율성

호르크하이머와 아도르노에 의하면, 문화산업은 고도로 발전된 사회에서 사람들의 일상을 지배하는 코드이기 때문에 "사람들의 여가시간은 문화산업이 제공하는 획일적 생산물로 채워질 수밖에 없을 것이다"(노명우, 2005: 222). 문화산업은 자본가의 최대이윤을 위한 지배의 합리성으로 귀결되며, 문화상품을 공급하는 자본가는 소비자의 선택의 범위를 결정하게 된다. 또한 상품의 대량생산과 대량소비는 인간 욕구의 자연 성장적 수요에 의한 것이 아니고 인간 내부에 인공적 수요를 개발하여 그것을 충족시켜주는 비인간적인 결과이다(신일철, 1990: 22).

서구화된 운동문화의 대중화는 대중의 운동종목과 운동상품 선택

18) 호르크하이머와 아도르노의 동료인 크라우카우어의 연구는 대중의 순응을 관리하는 데 육체적, 공간적 은유와 상징에 중요성을 부여하는 공헌을 하였다. 그는 대중들이 황홀경을 통해서 자신들을 노예화하고 야만화하는 체계에 자발적으로 순응하게 된다는 것을 강조하고, 노동에서 조직적으로 훈련된 육체는 여가에서도 같은 리듬을 갈망하게 된다는 점을 지적하였다(로젝, 1999: 50). 또한 마르쿠제(Marcuse, 1964)는 호르크하이머와 아도르노에 이어서 산업사회에서 창출되고 있는 여가문화에 대하여 비판을 가하였다. 즉, 자본의 대중문화에 대한 조직화된 조작성을 지적하였는데, 전 세계적인 게임, 쇼, 스포츠, 팝 등은 대중을 무비판적으로 순응하게 하며, 결국 이러한 현상은 '일차원적(one dimensional) 인간'이 사는 희망이 없는 사회임을 비판하였다.

에 있어서 타율적이고, 획일적인 경향으로 전개되기 쉽다는 것을 염두에 두지 않는다. 이미 자본주의하에서 나타나는 여가의 특징으로서의 상품화는 양자의 과정, 즉 자본가가 자원으로서 구매하는, 그리고 생산의 요인으로 전환되는 과정과 상품, 경험 등이 소비자에게 대상화되어 포장되고, 판매되는 과정을 말한다(로젝, 2002: 26). 이러한 맥락에서 스포츠를 하는 행위는 경기와 관전이 지불과 구경으로 바뀌는 것이다. 위성중계는 연간사용료를 도입하여 집에서 편안하게 관람하도록 함으로써 스포츠광고 산업과 전문화를 한 단계 더 올려 놓았다. 이러한 현상은 동질화의 특성을 갖게 되며 상품의 다양성이 그것을 구매할 수 있는 사회적 계층에 구분되어 단일하게 경험이 된다. 여기서 나타나는 단일한 문화적 경험은 자율적이기보다는 타율적으로 하향 평준화되는 가능성을 포함하고 있다.

한국 운동문화 안에서 관계되는 운동경험과 운동 상품 소비행위들은 대량생산된 운동 상품과 서구적으로 표준화된 기준에 의하여 재단된다. 또한 서구적인 운동경험을 성취하려는 대중적인 움직임은 비판적 사고 없이 맹목적으로 추구하는 서구적 이미지의 재생산 과정이다. 동시에 소멸되고 있는 기존의 한국적인 독창성이나 자발성에 대한 관심을 둘 시간조차 없게 된다. 결국 운동을 통한 삶의 양식은 서구화된 문명사회에 편입되어 서구적인 삶의 형태를 따라가는 타율적인 삶에 처하게 된다.

또한 타율적인 문화는 무비판적으로 수용되는 문화의 종속화 현상을 포함하고 있다. 즉, 현대의 선진문화를 이끌고 있는 특정 국가를 중심으로 복제오리엔탈리즘이 재현되고 있음을 의미한다. 이는 한국인의 주체성과 정체성을 상실하고, 익명적인 상품관계 안에 내재한 문제를 운동문화 안에서도 마찬가지로 반복하게 되는 것이다.

### 3. 운동문화의 모방성

호르크하이머와 아도르노에 의하면, 개인의 개성은 문화산업이 제공하는 표준적 행동규범에 대한 적응능력이다(노명우, 2005: 232). 예를 들어, 일제 식민통치기의 문화정책이 개인의 개성보다는 집단적인 표준적 행동규범에 적응시키는 대중조작의 수단으로 이용되어 왔다면, 1960년대 이후의 문화정책 역시 대중매체를 통하여 제시되는 모델들을 모방하는 획일성이 더욱 세련되었다. 또한 정책적 측면에서 볼 때, 1962년 9월 17일 국민체육진흥법의 내용은 1961년에 먼저 제정된 일본 스포츠 진흥법의 내용을 별다른 고려와 보완이 없이 그대로 모방하여 당시의 한국사회의 배경과 스포츠 상황을 제대로 반영하지 못하였다(신현규, 2005: 238)는 점을 들 수 있다.

뒤이어 1970년대에는 국가주도형의 문화예술이 제도적으로 체계화되고 육성되어 왔으며 이러한 문화정책은 엘리트 체육과 생활체육의 불균형문제, 운동문화의 관제화 그리고 대중문화의 무비판성의 문제를 파생시켰다. 예를 들어, 대중문화의 획일성은 대중의 자발적인 의식보다는 한국사회의 내재하는 모순을 은폐하기 위한 정치적 수단이 되었기 때문에 건전한 문화 창출을 지연시키는 결과를 낳았다. 1980년대 제5공화국 정권이 발표한 문화정책이 한국사회의 문화적 자주성 인식과 민족문화유산의 보존과 전승에 대한 노력이라 할 수 있지만, 반면 대중문화의 퇴폐와 소비문화를 조장하여 독점 자본화와 정치에 대한 무관심화를 야기하였다고도 할 수 있다. 또한 제6공화국의 정치권력은 사회 전반에 자본주의적 이데올로기를 공고히 하기 위해 의식적으로 서구자본주의의 이데올로기적 문화 산물에 대하여 개방적 자세를 취하여 정치적 안정화를 구하려 하였다. 즉, 취약한 권력구조를 미국자본주의의 경제적, 군사적 후원에 의존하는 데서 더 나아가 문화적 이데올로기적 영역에 있어서도 종속적인 형태를 취하여 정치권력을 유지하려한 것이라고 볼 수 있다(한국사회언론연구회, 1990: 121~123). 이러한 정치, 경제적 변화 과정을 통하여 대부분의 사람들은, 현실적으로 경제적 어려움이 있다 하더라도 경제수준의 향상을 통하여 삶의 대부분의 관심을 정치, 경제적 차원보다는 여가 문화적 생활에 대한 신화를 갖듯, 문화는 경제의 논리에 포섭된다. 우리는 주체적으로 무엇을 하는 것보다 자신의 여가시간을 어떻게 소비할 것인가에 지대한 관심을 갖는다.

산업사회의 물질적 풍요와 여가시간의 증대는 한국 사회에서도 마찬가지로 생산에서 소비로의 가치변동을 이끌었다. 소위, 산업혁명과 대비되는 소비혁명은 시간, 공간, 사회, 개인, 가족, 국가 등의 개념을 근본적으로 변화시키는 계기가 되었다. 즉, 현대인은 소비의 일환으로 자신 그리고 직업 및 가정생활에서의 억압으로부터 벗어나려는 행동양식을 가지고 점차 노동보다는 여가를 우선시하게 되었다(박현우 외, 2005: 40). 그러나 이러한 여가의 양식은 자신의 선택이나 자율성에 의한 것이기보다는 이미 모델화된 운동상품들을 선택하는 범위로 하고 있으며 타인의 여가행위를 모방하는 차원에 머무르고 있다. 예를 들어, 대중매체를 통한 광고와 정보와의 접촉 안에서 끊임없이 모방되는 여가 행위 속에서 운동문화 역시 마찬가지일 것이다. 더욱이 소비문화와 운동 산업이 결합하여 만든 운동공간에서는 일과 휴식이 엄밀한 서구적인 생활양식과 서구적인 몸 만들기가 이루어지고 있다. 이는 지나친 운동 강박증이나 체중조절을 위한 운동의 행위가 대중매체에 의하여 재구성된 문화상품을 소비하는 동안 서구적인 이미지를 차별적으로 소비하는 계층의 분화뿐 아니라 최신의 서구문화가 보다 상위의 계층문화를 주도하고 있으며, 그 외의 사람들에게도 이러한 이상적인 운동문화를 모방하게 하는 환상적인 삶으로 안내하는 것이다. 이러한 모방과정은 운동하는 행위자의 자율성보다는 타율적인 선택자로서의 수동적인 입장을 강화하게 할 수 있다.

## 운동문화의 정체성 회복 • • •

### 1. 한국 운동문화의 비판적 인식

한 시대의 특정문화에 대한 인식에 있어서 완전한 객관성을 가지기는 어려운 일이다. 왜냐하면 그것은 문화를 이해하는 데 있어서 이미 지니고 있는 어떤 관념에 의존할 수밖에 없기 때문이다. 그러나 선행되어야 하는 것은 어떻게 문화를 이해하고 있는가에 대한 현실적인 자각과 그동안 어떤 관념에 의존하였는가를 반성하는 것이다.

운동문화가 대중적으로 확산된 이 시점에서 어떤 관념에 의존하여 왔는가를 생각해 본다면, 운동의 다양한 목적들, 즉 인간교육, 건강, 군사훈련, 여가선용, 직업선수 등의 여러 범주 안에서도 더욱 계층화되어 구별되어왔다는 것을 알 수 있다. 더 나아가 엘리트 체육, 학교체육, 생활체육이라는 뚜렷한 구별 안에서 차별적인 운동문화가 진행되어 왔다는 것을 알 수 있다. 더욱이 국가사회의 영역을 넘어서 세계화된 공간 안에는 우열화된 가치들이 내재하고 있는 합리적인 규칙, 시설과 용구 등을 중심으로 서구화되고, 경쟁화된다. 이러한 사실에서 우리는 부분적으로나마 서구 중심의 오리엔탈리즘이 여전히 재현됨을 알 수 있다.

지구촌의 스포츠 경기는 '스포츠에는 국경이 없다' 는 것을 보여주며, 스포츠를 통해서 전 인류가 하나가 되어 운동문화를 교류하며 공유할 수 있다는 점은 현대사회에서 거둔 큰 수확이다. 그러나 현재 교류되고 공유할 수 있는 운동문화의 기원과 역사적 맥락을 고려해본다면 기존의 지배적인 문화구조에 의하여 재생산되는 또 다른 이데올로기를 만날 수 있다.

이는 현대자본주의사회에서 가장 선진적인 국가의 운동문화가 전세계적으로 모방되고, 획일화되고 있는 상황을 의미한다. 우리는 세계적으로 같은 규칙, 같은 운동을 통하여 평화적인 스포츠 경기를 치르는 동안 그 경기가 어떻게, 그리고 얼마나 세계평화에 기여해 왔는지를 재고할 수 있을 것이다. 특히, 다양한 지리적 환경과 사회적 문화들 가운데 같음이 아닌 다름의 차원에 있는 각 민족의 고유한 운동문화에 대한 인식은 어떻게 고려되어 왔는지를 생각해보아야 할 것이다.

그렇다면 한국적인 운동문화에 대한 인식에 대하여 그동안 저해해왔던 요인들을 살펴본다면, 운동문화의 자생적인 문화를 창조하는 기능이 위축되어왔다는 점을 들 수 있다. 한국사회의 역동적인 변화과정에서 첫째로, 한국사회에서는 일제식민지기와 미군정시기의 문화 창조의 공백기 안에서 과거와 단절된 상태에서 절대적으로 물적, 인적자원이 부족했다는 점을 들 수 있을 것이다. 둘째로, 정치권력과 경제안정을 위한 국가적 현실 안에서 문화에 대한 정부주도적인 관료제적 통제가 획일적으로 이루어졌다는 것이다. 이러한 가운데 무비판적으로 서구적인 스포츠를 수용할 수밖에 없었다. 셋째로 이러한 서구화의 압도적인 영향으로 도시적인 대중문화의 서구화의 모방성과 상업성의 문제를 인식하고 수정할 수 있는 계기가 없었다는 점을 들 수 있다.

## 2. 한국 운동문화의 재발견

운동문화 안에서 지속되고 있는 복제오리엔탈리즘의 관점은 우리 자신의 것을 타자화하고 서구문화를 동일시하려는 경향을 의미한다. 이러한 경향은 한국사회의 문화연구에 오리엔탈리즘을 적용한 바 있는 우실하의 연구와 관련된다고 볼 수 있다. 그는 동양의 우월성을 강조하며 동양중심주의의 관점에서 서구를 바라보는 것을 개항기의 동도서기론(東道西器論)을 우리문화에 대한 근거 없는 자존심 세우기로써 옥시덴탈리즘(Occidentalism)에 비유하고 있는 반면, '불필요한 자기비하'를 중심으로 '서구화'라는 개화론자들의 서도동기론(西道東器論)으로 구분하여 살펴보고 있다(우실하, 1997: 22). 그러나 한국 운동문화에 대한 반성과 탐색을 통하여 시급한 과제는 불필요한 자기비하적 입장을 비판하고 '자문화의 정체성'을 찾으려는 탈오리엔탈리즘의 자세일 것이다.

앞에서도 언급된 옥시덴탈리즘과 오리엔탈리즘은 별개의 뜻이 아니며, 사이드도 밝혔듯이 오리엔탈리즘에 대한 해답이 반드시 옥시덴탈리즘은 아니다(사이드, 1978: 570). 이러한 그의 우려는 동양이나 서양의 이분법적인 구도에서 서열과 특성을 결정할 때 발생할 수 있는 문화현상에 대한 지나친 일반화에 대한 경고라고 할 수 있다. 즉, 동양적인 것 아니면 서양적인 것에 대한 구분에 대한 가치를 평가하고 있는 현실에 대한 자각만이 진정한 한국문화를 창조하기 위한 인식의 기점이 될 것이다. 좀 더 구체적으로 진정한 한국문화의 정체성을 회복하기 위해서는 문화의 고유성, 문화의 균형성, 문화의 현실성에서 기인할 수 있을 것이다.

### 1) 문화의 고유성: 모방가능성과 불가능성의 문제

문화의 속성은 외부적 환경에 영향을 받는다. 이러한 속성을 근거로 형성된 문화는 변화하면서도 모방 가능하다. 예를 들어, 서구적인 운동경기의 규칙은 모방 가능하며 운동도구, 용구, 시설, 장비 등은 모두 수입 가능하다. 그러나 모방과 수용은 고유의 문화로 내면화하지 않는 이상 끊임없는 의존관계와 종속관계의 틀에 가둘 뿐이다. 한편 그동안 우리는 국제경기에서 탁월한 성적을 최종목표로 하는 운동문화에 익숙해져 왔다. 반면, 운동문화의 현실에 대한 비판성과 운동문화의 역사성에는 별 관심이 없었다. 전자는 어떻게 해서라도 모방 가능하다 할 수 있지만 후자의 경우는 우리 자신의 문화비판의식에 달려 있기 때문에 모방이 불가능할 것이다.

모방 가능한 문화를 모방이 아닌 창조의 문화로 끌어올리기 위해서는 문화를 즐기고 있는 성원들의 자율성과 책임성이 전제되어야 할 것이다. 특히, 문화의 정당성은 자율성과 책임성을 바탕으로 선택되고, 수용될 때 가능하다. 여기서 자율성이란 "문화적 선택은 부당한 외부의 개입이나 압력이 없는 상태"에서 이루어져야 함을 의미하며, 책임성이란 "문화적 선택은 공개적인 방법으로 그것에 의해 영향받을 사람들에게 평가될 수 있고 부적합한 것으로 판명되면 되돌릴 수 있는 방법으로 내려져야 한다."라는 것을 의미한다(김영석 역, 1990: 263). 창조의 문화는 문화적 고유성으로부터 기인하며 이는 모방이 불가능하다.

### 2) 문화의 균형성: 중심문화와 주변문화의 이해

특정 문화가 전파되는 과정에서 기존의 문화는 소멸되거나 폄하되어 밀려날 수 있다. 이러한 맥락에서 자본주의의 대표적인 산물로 간주되는 운동문화는 아도르노가 간파했듯이 필요에 의한 소비이기보다는 사회적 위상을 과시하고 확장하기 위한 과시적 소비활동으로 간주되었다. 여기서 스포츠는 신분상승의 욕구를 표현할 수 있는 수단이다. 사회적으로 골프, 승마, 스포츠클럽의 회원제 등은 사회적 성공의 지표로 알려져 있다(박현우 외, 2005: 70). 그렇다면 이러한 운동들을 할 수 없는 또 다른 사람들의 문화에는 어떤 것들이 있을까에 관심을 가지고, 사회적으로 양극단에 존재하고 있는 중심 문화와 주변 문화의 총체적인 이해를 시도해야 할 것이다. 총체적인 이해라는 것은 수용된 문화와 기존의 문화가 우리사회 안에서 어떻게 변용되어 가는지를 살펴볼 수 있는 인식의 눈을 말한다.

만약 스포츠 행위가 과시적인 행위라면 주체적이거나 자율적인 행위의 본질과 거리를 가질 수밖에 없다. 또한 사회적 성공의 지표가 되는 대부분의 스포츠들을 모방하거나, 모든 운동의 행위를 획일화되고 표준화된 근대성의 잣대에 지배를 받게 한다면 행위를 통한 내면적인 가치들은 간과되기 쉽다. 이외에도 중심문화에 의해서 밀려난 주변문화에는 전통적인 형태의 운동문화에 대하여 억압적 기제들이 작동할 수 있다. 예를 들면, 지배적인 주류의 운동들 안에서 서구적인 이상향을 발견할 수 있다는 점과 전통적인 것의 상품화와 현대화의 과정에서 무비판적인 상업성을 들 수 있다.

운동문화의 균형성은 중심문화와 주변문화의 상호적인 관계를 이해하며 서열화된 가치 안에서 중심문화를 모방하거나 집중하기보다는 자신의 문화적 위치에서 다양성과 개성을 인정하는 것이 전제되어야 할 것이다.

### 3) 문화의 현실성: 일상성과 비일상성의 조화

문화는 현실적으로 일상성과 비일상성의 두 가지 특징을 모두 가지고 있다. 왜냐하면 문화를 '삶의 모든 양식' 이라고 윌리암스식의 정의를 할 때 삶의 일상을 넘어 있는 세계가 존재하며, 이러한 세계를 비일상성의 문화라고 할 수 있다. 이는 일상성과 구분되는 것이 아니라 시 · 공간적으로 일상성의 연장에 있기도 하며 서로 얽혀 있기 때문에 비일상성의 문화적 토대는 바로 일상성과 연관되어 있다고 볼 수 있다. 일상적인 측면을 볼 때 운동문화는 사회전반의 캠페인으로서의 역할을 하고 있다. 이미 1960년대부터 미국이나 캐나다 그리고 북유럽국가들은 '모든 이를 위한 스포츠(Sport for All)' 를 통하여 복지사회를 구현하고자 하였으며, 이보다 먼저 독일의 경우는 1950년대에 '골든 플랜(Golden Plan)' 이라는 국가적 정책으로 생활체육의 기반을 닦아 스포츠의 일상화를 추구하게 되었다. 이는 스포츠를 통하여 사회적, 정서적, 문화적으로 잘 사는 삶을 추구하는 일상적인 운동문화를 잘 보여준다.

이러한 일상성이 토대가 된 비일상적인 행사로서의 축제와 경기들이 이루어질 때 문화의 건전함이 보장된다고 볼 수 있는 반면, 한국 사회에서는 일상성과 단절된 비일상적인 운동문화들이 존재한다. 앞에서 이미 한국의 사회적 변동의 특수성으로부터 운동문화가 정치적이고 상업적이며, 타율적이고 모방적이라는 문제들을 언급하였다. 또한 이러한 문제들은 일상적인 삶과 분리된 차원에서 비일상적인 활동으로써 '행사화' 되고 '의례화' 된다는 점을 들 수 있다. 예를 들어, 국민체육진흥법의 개정과 체육청소년부의 등장이 '86 아시안게임' 이나 '88 서울 올림픽' 의 준비를 위한 체육정책이었다는 점과 이러한 행사들이 정부의 주도하에 준비되어지고, 일상과 구별된 특별한 준비와 과시적인 노력으로 포장된다면 일상적인 운동문화가 어떻게 존재하고 있는지 의문이 남게 된다.

## 3. 운동문화의 정체성 확립

한국운동문화의 정체성은 어디에 있는가? 그동안 우리는 운동문화에 대하여 어떠한 인식의 변화가 있었는가? 이러한 문제에 접근하기 위해서 한국사회의 현대자본주의적 현상에서 발생하는 문제들을 인식하고, 서구사회의 발전과정과 다른 한국사회의 역사적 · 문화적 상황에서 비롯된 문제들을 점검하는 과정에서 근대화, 서구화 과정을 통해 진행되어왔던 서구적 시각 바로 '오리엔탈리즘' 을 발견하게 되었다. 이러한 맥락에서 한국운동문화의 정체성의 확립은 그동안 폄하되어온 전통문화를 재평가하고, 의미 있게 되살릴 만한 운동문화를 재창조하여 문화의 다양성을 보존하는 가운데 성취될 수 있을 것이다.

### 1) 전통문화의 재평가

근대스포츠의 도입 과정 속에 정착된 학교체육 안에서 전통적 가치를 지녔던 민속스포츠는 내적 변화를 갖게 되었다. 즉, 교육과정에 있어서 서유럽적인 내용으로 치중해가는 경향은 한국적인 것에 대한 관심이 소홀하게 되었으며, 특히 학교운동회가 발달함에 따라 마을 단위의 동신제나 세시풍속적 체육놀이 등은 점차로 쇠퇴되었다. 이는 우리 고유의 풍속과 관련된 전통적 경기나 놀이 패턴들이 학교체육 또는 사회체육의 활동 속에 효과적으로 수렴되지 못하고 있음을 의미한다(오정석, 1997: 33). 또한 1960년대 민중의 전통을 상징하기 위하여 사물놀이, 탈춤 등의 재현을 통하여 정부의 한국문화지향형을 보인 적이 있으나, 이는 '아래로' 의 민속적 전통문화를 수단으로 하여 국민경제의 향상과 세계화의 물결 속에서 한국 민족 고유의 정체성과 우월성을 확인하고 표현해주고자 하는 행사적 의미에서 살펴볼 수 있다.

오랫동안 과거로부터 형성되어 온 전통적인 운동문화는 어떻게 존재하고 있는가? 한국 근대화의 시련을 겪으면서 우리것에 대한 '전통' 에 대한 관심이란, 빠른 산업사회의 성장과 경제적인 안정을 확보할 수 있는 '근대화', '현대화' 를 위하여 필요한 것이었다. 오히려 현재 익숙해져 있는 운동문화는 근대적이고, 현대적인 감각에 맞추어져 있으며 전통적인 것은 문화정책의 일환으로 관광상품으로 재창안되는 측면이 있으며, 이는 일상이 아닌 비일상의 특별한 행사로 여겨졌다고 할 수 있다. 예를 들어, 국제적인 운동경기에서 주도적인 경기들은 서구적인 것인 반면, 우리의 '전통' 은 개막식전 행사용이 되어버렸다. '전통' 은 과거의 유물처럼, 마치 '한국' 이라는 박물관 안에 진열된 전시품처럼 우리의 일상과 분리되었다. 여기서 운동문화의 전통이란 무엇인가 생각해볼 필요가 있다. 즉, 전통은 과거의 특정한 시간에 머물러 있는 것이 아니라 연속적으로 이어져 내려오는 현재의 우리 일상 안에서 숨 쉬고 있는 활동이어야 할 것이며, 발견되어지고 재창조되어야 하는 것이라고 말할 수 있다.

전통이 어떻게 현실에 반영되어가고 있는가의 문제에 있어서 홉스보옴의 '창안된 전통(invented tradition)' 이라는 개념이 넓은 의미에서 사용되었다. 그에 의하면, 전통은 실제로 창조되는 것이라, 만들어져 형식적으로 제도화된 '전통들' 을 일컬음과 동시에 단기간 안에 쉽게 눈에 띄지 않게 나타나 매우 빠른 속도로, 자체적으로 체제를 잡아가는 전통들이 포함되어 있다.[19] 다시 말해서 창안된 전통이란 것들은 과거의 맥락과 형태적으로 관련성을 가지면서 새로운 상황에 대해 인위적인 특이성을 가지고 반응한 것들이라 할 수 있다(홉스보옴, 1995: 37).

### 2) 문화 공존주의

앞에서 말하는 '창안된' 전통과 현대의 구분된 문화들이 동시에 공존하고 있다는 진정한 의미는 무엇인가? 우리의 현실에는 이분화

19) 그의 저서에서 제시하는 대표적인 예들을 들면, 영국에서 왕가의 크리스마스의 방송보도(1932년 제도화됨)를 전자의 예로 들 수 있으며 영국축구협회(B.A.F.)의 결승전과 관련된 행사가 생겨나 발전된 것이 후자의 예이다. 이러한 행사들은 본질적으로 의례적이고 상징적인 것으로 행위의 규범과 일정한 가치를 반복하여 주입시키려고 한다. 이는 반복하게 되면 자동적으로 과거와의 관계를 계속 가지게 된다는 것을 의미한다.

되고, 문화가 동등한 관계에 있기보다는 가치주도적인 서구지배문화의 권력이 이미 존재하고 있음을 비판적인 시각으로 살펴보았다. 이러한 서구중심적 시각에 대하여 문화공존주의는 향후의 대안이 될 수 있을 것이다. 문화공존주의를 위한 이념들을 지향하기 위해서 선행되어야 할 문제로는 '고유한 문화상의 재현', '독자적인 자문화규제의 정비', '타문화와의 지속적인 비교', '문화가치판단의 보편성과 특수성의 인정' 이라는 부분들을 살펴보지 않을 수 없다(박홍규, 2003: 381~382). 우선, 고유한 문화상의 재현이란, 그동안 획일화되어왔던 서구적 진보의 모델이 아니라 한국 문화 안에서 존재하는 고유한 특성을 발견하는 것을 의미한다. 이것은 한국의 역사 안에서 운동문화가 어떻게 진행되어왔으며 어떤 이상을 추구하였는지를 밝히는 작업의 실천력과도 관계가 있다.

둘째로, 독자적인 자문화규제의 정비란, 자본주의적 시장경제와 국가권력으로부터 자유로운 선택을 시도하고 자발적인 문화구축에 제약받지 않도록 주의하면서 자문화를 조정할 수 있는 여러 제도와 절차를 의미한다. 이러한 측면에서 운동문화의 독자성이란 운동기능 수행에 앞서 자율적이고, 창의적인 인간정신을 실현하는 운동문화를 구축할 수 있는 기반을 말한다.

셋째로, 타문화와의 지속적인 비교는 각 문화의 다양성에 대한 열려 있는 태도와 병행되는 자기반성적인 태도를 의미하며, 자문화나 타문화 한쪽으로 몰입되는 것을 경계하는 것을 말한다. 이것은 전통이란 것이 고정된 것이 아니라 지속적인 비교를 통하여 역동적으로 자문화의 상황에 맞게 주도적으로 창안되어지는 운동문화와 관계가 있다.

마지막으로 문화가치판단의 보편성과 특수성 인정이란, 모든 문화가 상대적으로만 판단되는 것이 아니라 특정한 사람들, 특정한 장소, 특정한 역사와 문화에 뿌리박고 있는 문화적 상상력에 의하여 모든 문화에 내재되어 있는 가치를 의미한다. 이는 다양한 운동문화의 수용 속에서 밀려날 수 없는 고유한 인간 정신의 실현으로 이해되는 운동문화의 정신적 가치를 가지고 상호 교류할 수 있는 다양한 문화의 정신적 기반을 말한다. 즉, '인간 존엄성', '평화', '행복' 등과 같은 인류의 보편적 가치 안에서 다양하게 드러나는 상이한 운동문화들에 대한 이해를 의미한다.

## 역사로 읽는 오리엔탈리즘 • • •

사이드의《오리엔탈리즘》은 동양에 대한 서양의 우월주의가 문학과 학문 또는 예술과 종교 등의 이름으로 어떻게 조작되고 그것이 제국주의적 권력지배와 결탁하여 식민지 민중을 착취하고 열등감에 사로잡히게 하고 있는가를 해부한 책이다. 그것은 서구정신의 허구와 위선에 대한 분노의 책이었으나, 기본적으로 참된 '정신적 행동인'의 추구였다(박홍규, 2003: 251).

이러한 시각으로 탈식민시기를 지나 문화의 세기에 이른 한국의 운동문화를 바라보고자 하였으며, 나아가 비판이론적 관점에서 과거의 정치적, 군사적 측면에서의 오리엔탈리즘은 종료되었을지 모르겠으나, 문화적 측면에서는 여전히 우리 안에서 복제오리엔탈리즘의 경향으로 지속되고 있음을 살펴보았다. 이러한 위기에 대하여 사이드가 강조했던 '정신적 행동인' 의 자세는 건전한 운동문화를 위한 필수적인 양식이 될 것이다. 또한 운동문화를 위한 '정신적 행동인' 을 위하여 보다 구체적인 철학적인 지지를 얻을 수 있는 관점은 현대 철학의 기능을 사회적 현실에 대한 비판적 사고를 강조한 철학의 사회적 기능일 것이다. 이 글에서는 호르크하이머와 아도르노의 계몽의 논리에 의하여 지속되고 있는 대중문화와 문화산업에 대한 비판적인 입장을 오리엔탈리즘이라는 관점으로 확대하고자 하였다.

사이드의 오리엔탈리즘은 지난 과거의 이야기가 아니다. 한국의 운동문화 안에서 오리엔탈리즘의 경향을 발견하고자 한다면, 이는 한국의 근대사적인 상황에서 연장되어온 우리 안의 복제오리엔탈리즘을 의미한다. 즉, 이것은 한국인 스스로를 타자화하며 서구적인 것과 동일시하려는 경향이라고도 할 수 있다. 또한 현대 문화에 대한 성찰이나, 일상과 대중문화를 지배하는 서구화된 양식에 대하여 무감각과 무비판적인 태도를 경고하는 용어이기도 하다. 이미 일반화된 운동문화에서의 대중성에서 나타나는 서구적인 특수한 경험들을 보편적인 것으로 착각하지 말아야 할 것이다. 오히려 연장선상에서 재이해되어야 할 것이며, 운동문화의 상업성, 타율성, 모방성을 벗어나지 못한 현실적 상황의 자각에서 출발하여야 할 것이다. 또한 운동문화의 정체성 재발견은 문화의 고유성, 균형성, 현실성의 세 축을 중심으로 지향되어야 할 것이다. 이러한 정체성 확립을 위한 문화공존주의의 이념은 고유한 문화상의 재현, 독자적인 자문화규제의 정비, 타문화와의 지속적인 비교, 문화가치판단의 보편성과 특수성 인정 등이 전제되어야 할 것이다.

철학은 무엇을 할 것이냐에 대한 이야기가 있다. 플라톤은 경기장에 가서 거기에 참여하는 여러 가지방식에 대하여 말한 적이 있다고 한다. 누구는 선수로서 경기에 직접 임하고, 누구는 관중으로서 그 경기를 응원하며, 누구는 장사꾼으로서 관중에게 물건을 판다. 그러나 선수, 관중, 장사꾼 외에 다른 종류의 사람이 있다. 그 모든 상황을 거리를 두고 바라보는 사람, 그 사람이 철학자라는 것이다(김상환, 2002: 42). 여기서 거리를 둔다는 것은 모든 상황에 대하여 한 발 뒤로 물러나와 그 상황을 반성하는 철학적 태도를 의미한다. 현재 이루어지고 있는 한국사회의 운동문화에 대하여 이러한 태도는 현실적 인식과 비판적 사고에 중요한 기본자세가 된다. 본론에서 제기한 운동문화 안에서의 오리엔탈리즘의 문제도 거리를 두고 문화현상을 바라보는 철학적 태도의 개입이라고 볼 수 있다.

그렇다면 한국 운동문화의 방향을 어디에 둘 수 있는가? 그동안 우리는 한국인의 운동문화에 대하여 어떻게 알고 있었는가? 이에 대한 대답이 간단하지 않은 것은 두 가지 차원에서 생각해 볼 수 있다. 하나는 서구화된 대중문화로서의 운동문화는 사회, 역사적 맥락과 의의를 통찰할 시간도 없이, 지나치게 오락적인 대중문화로서, 정치적 수단으로 이용되는 그 이상의 문화적 역할을 할 수 없었다는 역사적인 배경이다. 둘째는 그러한 운동문화가 한국인의 삶에 어떤 의미를 가지는가를 생각할 기회 역시 많지 않았다고 본다. 그러나 이미 스포츠의 강국으로서 우수한 선수들을 세계적으로 배출한 한국의 운동문화를 보다 성숙시킬 수 있는 길은 외부적인 압력과 위로부터의 정책으로 인하여 채워질 수 없었던 운동문화에 대하여 사회비판적인 의식을 동원한다면 현실세계에 자율적으로 참여할 수 있는 '정신적 행동인' 이 될 수 있을 것이다.

현대의 풍요로운 여가사회 안에서 운동하는 삶이 진정한 한국문화로서 정착되기 위해서는, 스포츠와 체육을 포괄하고 있는 운동문화에 대하여 끊임없이 사회문화적, 역사적 맥락에서 통찰하고, 자신의 삶 그리고 공동체 안에서 지금 행하고 있는 운동들이 어떤 의미들을 가지고 있는가를 반성하는 과정이 필요할 것이다.

> "철학의 진정한 사회적 기능은 현존하고 있는 세계에 대한 비판에 있다. 비판의 주요 목표는 사람들이 현재의 사회조직을 통해 그들에게 제시된 이념이나 활동방식 속으로 휩쓸려 들어가는 것을 방지하는데 있다. 인간은 자신의 개별적인 활동과 그로 인해 생기는 것들 사이의 관계나 자신의 특수한 존재와 사회의 일반적인 생활 사이의 관계, 혹은 자신의 일상적인 계획과 자신이 인정하고 있는 위대한 이념 사이의 관계 등을 통찰하는 방법을 배워야 한다. 철학은 사람들이 일상생활에서 고립된 이념이나 개념들에 의지해야 하는 한 피할 수 없게 되어 있는 모순의 정체성을 벗겨낸다." (조창섭 역, 1983: 288)

스포츠 철학은 사회비판적 기능을 가지고 한국 운동문화 속으로 옮겨져야 할 것이다. 이러한 시도는 대중문화 안에서 맹목적으로 휩쓸리게 된 무비판적인 운동행위에 대한 비판이며, 지나친 경쟁과 물질만능주의로 팽배하게 된 문제들에 대하여 동원할 수 있는 철학의 실천이다. 오리엔탈리즘의 연장선에 있는 한국운동문화의 현실을 자각한다는 것은 한국운동문화의 전통성에 대하여 많은 고민을 시도하는 것임과 동시에, 앞으로의 운동문화 창조를 통하여 전통문화를 재발견하고 한국 운동문화의 주체성을 만들어나갈 수 있는 길이 될 것이다.

# 제9장
## 근대올림픽 패러다임의 지형도

근대 올림픽은 고대올림픽이 사라진 후 쿠베르탱 남작에 의해 부활되었고 4년마다 정기적으로 개최되어 왔다. 근대올림픽에서 눈여겨볼 것은 시대적 흐름의 영향을 받아서 일정한 지형도를 보여주고 있다는 것이다. 특정한 패러다임으로 분류하면 올림픽 변화의 지형도를 알 수 있다. 그 주요 패러다임의 틀은 평화, 정치, 경제, 환경 등으로 범주화할 수 있다. 이러한 변화의 흐름에 따라서 미래의 올림픽의 방향을 예측할 수 있다.

1503년 고대 올림피아제 금지령이 있은 후, 1896년에 올림픽 경기대회가 부활하게 되었다. 제창자 쿠베르탱은 프랑스 귀족 출신이었지만 영국에서의 스포츠교육에 감명을 받고 스포츠 훈련에 의한 프랑스 청소년 교육 개혁을 제안하였다. 더욱이 스포츠에 의한 청소년의 국제교류, 세계평화에의 공헌의 가능성에 자신을 가지고 있었다. 1894년 쿠베르탱은 솔로본 대학에서 49개의 스포츠단체, 3000명이 참석한 올림픽 부활의 국제회의를 개최하였다. 이 회의에서 그의 대회부활 제안은 만장일치로 선택되어 개최지, 참가자격, 경기내용, 그리고 조직 등이 결정되었다.

쿠베르탱은, 올림픽 운동을 통해서 편협한 민족주의를 벗어나 전세계 인류의 발전을 위하여 스포츠를 이용할 것을 제안하였다. 그는 영국 럭비학교의 토마스 아놀드로부터 지대한 영향을 받았다. 아테네의 자파타 재벌과의 협력을 통해서 근대 올림픽 게임이 가능하게 되었다. 하지만 올림픽 게임은 만국박람회의 부속물로 개최되었다는 비판과 편협한 남존여비사상을 벗어나지 못한 한계를 가지고 있다.

올림픽이 금지되지 않고 지속적인 성장을 가능하게 하려면 무엇보다도 인간을 중심에 놓고 인류화합과 세계평화라는 구호에 맞는 역할을 할 때 지속성을 보장받을 수 있다. 하지만 현재와 같은 올림픽의 상업화와 국가주의의 영향 아래에선 미래를 보장받을 수 없다. 올림픽에 대한 세계의 관심이 월드컵축구보다 낮아지고 있는 상황에서 올림픽의 생명을 연장하는 것은 본래의 정신을 유지하는 것뿐이다. 세계평화에 기여한다는 본래 취지를 잊지 않고 상업주의와 국가주의에 대한 경계를 늦추지 말아야 한다. 그렇지 않을 때 올림픽은 영구히 중단되는 역사상의 과오를 반복할 뿐이다. 고대 올림픽의 중단은 올림픽의 타락이라는 역사적 교훈을 되새겨야 한다.

올림픽의 역사를 분류하고 검토하는 이유는 올림픽의 현실을 직시하여 미래를 준비하기 위함이다. 현재와 같은 일들이 지속된다면 올림픽의 미래는 보장받을 수 없다. 그렇기 때문에 올림픽의 역사적 흐름의 추이를 따라가다 보면 올림픽의 문제점을 발견할 수 있을 뿐만 아니라 미래의 올림픽을 준비할 수 있을 것이다. 올림픽만큼 인류의 삶에 기여하는 문화적 행사를 찾기 어렵다. 이러한 장점이 올림픽을 지속시켜야 하는 이유이며 올림픽의 역사를 검토하는 이유이기도 하다.

## 근대올림픽 패러다임의 지형도 • • •

근대올림픽을 분류하는 데 있어서 핵심적 분석 틀은 평화, 정치, 경제, 환경이다. 올림픽의 지형도 역시 이 4개의 범주를 가지고 분류할 수 있다. 각 올림픽을 이러한 범주로 묶어서 해석하는 것은 역사의 흐름을 읽어내기 위함이다.

### 1. 평화올림픽

#### 1) 제1회 아테네 올림픽(1986년)

근대올림픽 역사에서 평화올림픽은 제1회 아테네 올림픽이라고 할 수 있다. 근대올림픽의 부활로 1896년 4월 6일부터 15일까지 10일간 13개국에서 311명의 선수단이 참가했다. 오스트레일리아 1명, 오스트리아 1명, 불가리아 1명, 칠레 1명, 덴마크 4명, 독일 19명, 프랑스 19명, 그리스 230명, 영국 8명, 스웨덴 1명, 헝가리 8명, 미국 14명으로 대부분이 유럽 국가이며, 아시아나 아프리카 국가는 제외돼 있고 국가대표팀이 아닌 개인적인 참가로 한 지역권의 체육대회에 불과했다. 육상, 수영, 테니스, 체조, 레슬링, 사이클, 펜싱 등 8개 종목 41개 세부종목이었고 트랙경기는 시계 방향과 같은 우회전으로 실시되었다. 좌회전으로 변경된 것은 제2회 파리 올림픽부터였고 수영경기는 바다에서 실시되어 지중해를 헤엄쳐나가야 했다(김상순, 1997).

## 2. 정치올림픽

### 1) 제20회 뮌헨 올림픽(1972년)

팔레스타인의 게릴라 단체인 검은 9월단 8명이 선수촌을 침입, 이스라엘 선수단 숙소를 습격하여 올림픽대회사상 최대의 비극이 벌어졌다. 그들은 선수 2명을 현장에서 사살한 뒤 9명을 인질로 잡아놓고 이스라엘에 억류 중인 팔레스타인 정치범 2백여 명의 석방을 요구했다. 브란트 서독 총리는 이 날의 모든 경기를 중지하고 직접 협상에 나섰다. 이 사건으로 이스라엘 선수 9명이 전원 살해됐고 게릴라는 5명이 사망했으며 3명이 체포되었다. 뮌헨 올림픽은 북한이 처음으로 DPRK 호칭으로 참가한 대회로 기록되고 있다. 종합순위에서 북한은 22위, 한국은 33위에 그쳤다. 우리 선수단은 유도 미들급에서 오승립이 따낸 은메달이 전부였다(Mandell, 1984).

### 2) 제21회 몬트리올 올림픽(1976년)

몬트리올 올림픽은 석유파동 등에 의해 일어난 인플레이션과 정치적 문제까지 겹쳐 몇 번인가 중단위기를 맞았다. 몬트리올 올림픽은 동독이 세계스포츠의 양대 산맥인 미국과 소련의 아성에 도전할 수 있는 새로운 스포츠강국으로 데뷔한 무대였다. 소련이 금메달 47개로 1위였으며 금 40개의 동독이 금 34개의 미국을 제치고 사상 최초로 2위로 뛰어 올랐다. 양정모는 레슬링 자유형 페더급에서 광복 후 첫 금메달을 땄다. 한국스포츠가 올림픽에 참가하기 시작한지 28년 만에 맞은 경사였다. 손기정 선수의 금메달 이후 꼭 40년 만에 이루어낸 경사였다. 여자배구의 동메달도 우리의 올림픽 구기사상 첫 메달로 기록되고 있다(노희덕, 1999).

### 3) 제22회 모스크바 올림픽(1980년)

1979년 12월, 소련의 아프가니스탄 무력 침공으로 인해 미국정부는 올림픽 불참을 공식선언했다. 서방국가들이 속속들이 미국에 동조하기 시작했다. KOC도 정부의 뜻을 받아들여 4월 23일, 미국의 결정을 따르기로 하였다. 이렇게 해서 모스크바 올림픽은 한국, 미국을 비롯하여 67개국이 불참을 선언한 가운데 거행됐다. 참가국은 81개국, 참가인원 6,948명이었다. 반쪽 대회로 성적의 저하가 우려되었지만 세계신기록 39개, 올림픽기록 95개가 쏟아져 나와 몬트리올 올림픽에서 나온 세계신기록 40개, 올림픽신기록 49개와 비교해 볼 때 크게 뒤떨어진 대회는 아니였다(김방출 역, 2006).

4) 제23회 LA 올림픽(1984년)

4년 전, 모스크바올림픽에 불참한 서방국가들에 대한 똑같은 보복으로 동유럽권 국가들 역시 불참했다. 140개국에서 7,800여 명 선수가 참여한 이 대회에서 한국은 21개 종목에 걸쳐 284명이란 올림픽 참가 사상 가장 큰 규모의 선수단을 파견하여 금메달 6, 은메달 7개를 따내 참가국 중 종합성적 10위를 기록했다. 한국선수단이 거둔 성적은 과거 28년간 한국 팀이 획득한 메달 수보다도 많았다. 여자농구의 은메달, 개인종목의 금메달에 못지않은 값진 성과였다. 동메달이 목표였던 여자핸드볼은 비인기종목의 설움을 딛고 기적 같은 은메달을 따내는 데 성공했다(한왕택, 2007).

### 3. 경제올림픽

1) 제24회 서울 올림픽(1988년)

160개국이라는 최대참가국, 13,600여 명이라는 최대참가인원과 함께 역대 최고의 풍성한 기록을 남긴 대회이다. 1988년 9월 17일부터 17일 동안에 걸쳐 23개 정식종목과 3개의 시범종목 및 2개 전지종목이 거행되었다. 올림픽대회 12년 만에 동서 진영이 자리를 함께 한 대회이자 1948년부터 참가하기 시작한 뒤 40년 만에 유치한 대회이며 아시아에서는 두 번째 개최가 된다는 의의를 찾을 수 있었다. KOC는 28개 전 종목에 걸쳐 대규모 선수단을 참가시켜 비공식메달 집계에 의한 종합순위 4위를 차지하는 위업을 달성했다. 중국은 11위, 일본은 14위에 머물렀다. 한국선수단의 올림픽신기록 19개는 양궁(16개), 역도(2개), 사격(1개)에서, 올림픽 타이기록 1개는 사격에서 나왔다. 서울 올림픽대회는 운영도 성공적이어서 세계인들의 격찬을 받았고 국익에 큰 도움이 되었다(노희덕, 1999).

### 2) 제26회 애틀랜타 올림픽(1996년)

197개국 IOC전 회원국이 참여하고 풍성한 기록이 갱신되는 등 많은 성과를 거두었으나 2명이 사망하고 1백여 명이 부상한 올림픽공원 폭탄테러사건과 교통문제 등으로 최악의 올림픽이라는 오명을 면치 못했다. IBM의 최첨단 컴퓨터시스템의 고장으로 대회진행은 엉망이 되기도 했고, 지하철은 잦은 고장과 테러협박으로 지옥철로 돌변했다. 영국 조정선수단은 셔틀버스가 제시간에 도착하지 않자 지나가는 버스를 탈취하여 경찰과 대치하는 해프닝이 벌어지기도 했다. 9백만 장의 티켓을 팔아 관중동원에 성공했지만 미국 NBC가 2008년까지 올림픽 방영권을 20억 3천만 달러에 계약하여 올림픽을 돈벌이의 수단으로만 인식한 상업주의적인 바가지 올림픽이라는 비난을 면치 못했다. 상업주의를 내세운 대회조직위로 인해 올림픽의 발전 방향의 재정립이라는 과제를 남겼다. 경기력 수준이 점차 평준화되어 미국-러시아-독일 등 빅 3의 시대가 저물어가는 반면, 제3세계 국가 등 그동안 올림픽에서 소외당하던 국가들이 금메달국으로 급부상했다. 중국은 엄청난 잠재력을 과시하며 미국과 러시아, 독일 등 스포츠강국을 위협했다. 우리나라는 여자 양궁이 84년 LA 대회 이후 개인전으로 4연패, 단체전에서 3연패를 달성했지만 금 7, 은

15, 동 5으로 종합순위 10위를 차지하는 데 그쳤다. 북한은 금 2, 은 1, 동 2개 종합 33위를 차지하는 데 그쳤지만, 레슬링에서 김일이 바로셀로나 대회에 이어 2연패를 달성했고 북한의 계순희도 유도에서 금메달을 따는 성과를 거두었다(한왕택, 2007).

## 4. 환경올림픽

### 1) 시드니 올림픽(2000년)

199개국 10651명이 참가하여 300개의 경기를 치른 매우 큰 올림픽 규모에도 불구하고 운영이 잘된 대회였다. 친환경적으로 치러진 대회로, 경기장과 관련 시설에 플라스틱 등 반환경적 소재 사용을 최소화하고 철제와 목재 활용도를 높였으며 자연 채광과 환기가 가능하도록 설계, 인공조명과 환기 시설이 필요 없도록 했다. 또 종이와 포장재 쓰레기를 줄이기 위해 양면 인쇄 및 복사기, 퍼스널 컴퓨터에서 직접 보낼 수 있는 팩스, e-메일, 전자게시판, 데이터베이스 등을 도입했다. 1회용 종이 컵 대신 머그컵을 사용토록 했고 폴리스틸렌, 알루미늄 호일, 플라스틱 음식용기, 랩 등은 사용할 수 없고 재활용이 불가능한 pvc 사용을 엄격히 제한했다.

대회 기간 동안 사용된 버스는 천연가스 연료로 운용됐다. 한반도기를 앞세우고 동시 입장한 남북한과 동티모르 출전 등 스포츠를 통한 화합에도 기여했고 태권도가 정식종목으로 채택되었다. 수익 면에서도, TV 중계권료로 애틀랜타 때보다 40% 늘어난 5억 7,200만 달러를 받는 등 36억 달러가 넘어 흑자 올림픽이 됐다. 그러나 선수들의 약물 복용, 잦은 심판 판정시비, 자원봉사자들의 실수와 불친절, 그리고 올림픽 시설물 내에서의 바가지요금 등은 눈살을 찌푸리게 했다(이제홍, 여인성, 2007).

## 근대올림픽의 반성적 논의 • • •

쿠베르탱의 1900년 파리개최라는 희망에 대하여, 그리스 대표 비게라스의 1896년 아테네 개최의 강한 주장이 재정적인 이유로 받아들여져 IOC도 조직되어 참가에 관하여 엄밀한 아마추어 자격이 적용되었다. 1896년 4월에 제1회 대회가 그리스 왕실의 전면적 협력하에 아테네에서 개최되어 13개국 285명이 8종목에서 열전을 전개하여 성공리에 막을 내렸다. 1900년 파리, 1904년 세인트루이스에서는 만국박람회의 일환으로서 행하여져 성공했다고 말할 수 없었지만 1908년 런던 대회 이후 대회의 기반을 다졌다. 1912년, 스톡홀름에서 개최된 올림픽에는 일본도 처녀 출전하였고, 1920년의 앤트워프에서부터 오륜기도 사용되며 순조로이 진행되었지만 1936년의 나치올림픽 후 대전의 영향으로 2회 중지되기도 하였으며 그 부활 후에도 매회 몇 가지 문제에 직면하면서 오늘에 이르게 되었다.

1920년 이후, 스포츠가 기록 중심, 경기 중심의 시대로 변모하여 경기제일주의에 대한 비판이 제기되었다. 양적, 수량화, 규격화가 비판의 도마 위에 올라왔다. 라틴어 LE CAF(Citius, Altius, Fortius: 더 빨리, 더 높이, 더 강하게)는 경기제일주의 경기에 대한 비판을 상징적으로 말해주는 것이다. 독일의 슈프랑거는 《기록의 세기》라는 저서에서 "스포츠에 대한 지나친 열광은 문화인의 신체적인 건강을 상실하게 하였다."라고 비판하였다. 영국의 러셀은 '운동경기의 기록이 과연 선수의 시금석일 수 있는가' 하는 문제를 제기하였다.

국가주의와 상업주의가 고조되어 최고 홍보, 상품가치로서의 스포츠 경기가 성행하였다. 예를 들어, 1936년 제11회 베를린 올림픽게임은 히틀러의 나치선전을 위한 중계방송을 확대하였다. 1984년 제23회 LA 올림픽과 제24회 서울 올림픽은 경제적 이익을 위한 상업주의가 고조되었다.

## 역사로 읽는 근대올림픽 • • •

이상과 같이 근대올림픽의 지형도를 읽어 낼 수 있었다. 각 시대의 변화에 맞게 근대올림픽 역시 변화되어 왔다는 것을 올림픽의 지형도를 통해서 알 수 있었다. 올림픽 역시 역사의 흐름을 무시할 수 없다는 교훈을 얻었다. 인류문화는 시대의 산물이라고도 할 수 있다. 이 변화의 흐름에서 우리가 주된 관심을 가지고 지켜봐야 할 것은 바로 올림픽이 지속적인 성장 가능성을 위해서는 어떻게 해야 하는가이다.

우선 올림픽의 타락을 막는 것이다. 고대 올림픽의 붕괴이유가 바로 타락에서 찾을 수 있다. 역사는 반복된다는 신념을 가지고 본다면, 근대올림픽의 타락의 원인을 찾아내어 그것을 치유할 수 있는 방안을 마련해야 한다. 문제점을 알고 있지만 그것을 해결하려고 시도하지 않는 것 또한 문제라고 할 수 있다. 지나친 국가주의와 상업주의는 우리가 경계해야 할 사항이다. 지나침은 부족함만 못하다. 적절히 경계를 갖는 것이 요구된다.

올림픽 운동의 목적은 건전한 신체적, 도덕적 자질을 젊은이들에게 육성시키고 인류평화에 공헌하는 것이다. 쿠베르탱에 의하여 만들어진 올림픽 대회의 기본 정신은 다음과 같다. 첫째, 신체단련과 스포츠의 국민적 프로그램을 통한 행복한 시민 육성에 있다. 둘째, 공정하고 훌륭한 스포츠맨십의 사회적 확대에 있다. 셋째, 각종 문화 예술에 대한 관심 확대에 있다. 넷째, 국제적 친선과 선의를 창조하며 평화로운 세계 실현 등이다.

올림픽 대회의 문제점은 명백한 기본정신이 명시되어 있음에도 불구하고 그 정신을 충분히 이해하지 못하고 오직 승리지상주의와 국가 선전과 상업적 관심이 팽배하고 있다는 점이다. 올림픽 경기에서 가장 중요한 것은, 승리하는 것보다 참가에 있다는 쿠베르탱의 지적은 지금도 유효하다. 단지 이것은 사라진 것이 아니라 잠시 가려져 있을 뿐이다. 가져진 부분을 다시 살려서 올림픽의 보편적 이념으로 살려야 한다.

# 제10장

## 금욕주의와 중세 스포츠

중 · 근세는 서로마제국의 멸망 후 16세기까지의 약 천 년간의 시기를 말한다. 6~10세기는 문화적인 암흑기인 반면, 11세기 이후에는 종교개혁과 르네상스, 대항해시대의 유럽문명의 독특한 문화가 정착되었다. 일반적으로 르네상스는 잘 알려져 있지만 실제로 이러한 문화를 가능하게 한 것은 중 · 근세의 세 주요문명 때문이라고 할 수 있다. 비잔틴 문명, 이슬람 문명, 게르만을 중심으로 한 유럽 문명을 들 수 있다.

비잔틴 문명은 6세기 동로마의 비잔틴화를 지칭한다. 이 문명은 그리스와 오리엔트 문화가 융합된 소산물이다. 서방세계로 문화 전달의 역할을 수행하였다. 특히 무역, 수공업, 산업등을 중심으로 이루어졌고 고전 그리스의 사상과 학문이 보존되었다. 오리엔트 동유럽의 문화는 비잔틴 양식의 건축과 비잔틴 미술의 발달에 기여하였다.

이슬람 문명은 7~8세기에 유목 활동과 대상(caravan: 사막에서의 여행)활동의 상업 중심으로 형성되어 미신 숭배로부터 마호메트의 알라 유일신의 새 신앙을 중심으로 발전되었다. 이들 경전에 해당하는 코란은 구약의 영향을 받아 만들어졌다. 메카를 향한 기도, 돼지고기 금지, 일처다부제 등의 내용이 적혀 있다. 뿐만 아니라 이슬람은 포교전쟁으로 세력을 확대하고, 지중해에 세계 지배의 기반을 확보하였다. 특히 선교사업과 종군병사들에 대한 현실적 보상, 그리고 정복지에 대한 관용정책을 실시하였다. 의학, 수학, 천문학 등의 아라비아 과학과 아라비안 나이트, 알리바바와 40인의 도적, 항해자 신밧드 등의 아라비안 문학이 발전하였다.

마지막으로 게르만족을 중심으로 한 서유럽 문명의 이슬람 문화는 그리스, 로마의 멸망 이후 그리스, 로마 문화를 보존하였고 크리스트교적 통일과 봉건제도, 장원제도를 정착시켰다. 종교개혁과 휴머니즘 르네상스, 대항해시대를 맞으며 계몽주의 시대를 가져왔다.

중세 초기의 카톨릭 교회를 중심으로 그리스와 로마문화의 전통은 게르만적 요소가 복합된 문화라고 할 수 있다. 이는 유럽이 하나의 문명권으로 정착되는 중요한 시기이고 각 민족국가의 지리적 경계가 확립되었다. 이 때에 서유럽의 중세문화는 신분사회에서의 크리스트교 문화가 정착되었고 그리스와 로마의 전통을 보존하게 되었다.

## 중세사회의 스포츠 • • •

유럽 중 · 근세의 사회는 농업에 의존해 생산 활동을 하는 농민, 정치나 군사에 종사하는 기사, 도시생활에서 상업을 발전하게 하는 시민이라는 신분의 고정화된 계급사회로 되어 있었다. 중 · 근세의 스포츠는 엄한 계급사회에서 있었기 때문에 오히려 약동감이 넘치는 근대스포츠가 탄생하는 온상이 되었다.

근대스포츠 발전의 배경에는 중세와 근세 사회를 통해서 자라온 축제나 민중스포츠가 있었다. 그래서 그것들은 민중의 스포츠요구를 지탱해 주었다. 축제에서 묘사된 민중의 스포츠 및 기사나 귀족생활을 묘사한 스포츠는, 중 · 근세인들의 생활과 연결되어 있다. 중 · 근세의 스포츠는 계급에 의한 독특한 스포츠의 발달과 전파라는 측면이 있다. 스포츠는 서로 다른 사회와의 문화교류로서 중요한 기능을 한다.

과거의 로마제국은 넓은 토지에 대한 고용인으로서의 영주와 서민이 주종관계를 형성하게 되었다. 중세의 대표적인 세 제도를 들 수 있다. 봉건제도는 지주와 서민의 주종관계로서 서민의 보호와 통치 임무를 갖는다. 영주제는 경제적 유지 기능을 하였으며 기사제도는 사회적, 도덕적 관습의 유지, 보호기능을 담당하였다.

유럽의 신분사회는 봉건제도를 중심으로 계급을 형성하였다. 16세기 초 성직자, 전사(귀족, 일등민, 민중), 노동자로 구성되었으며, 트럼프 카드모양에 따라서 계층이 분화되었다. ♥은 심장을 의미하는 것으로 성직자 계층을 상징하였다. ♣는 도토리 또는 곤봉을 의미하는 것으로 농민계층을 의미하였다. 그리고 ◆는 금화를 의미하는 것으로 왕권의 상징이었다. ♠은 검을 의미하는 것으로 기사계층을 지칭하였다.

한국의 신분사회는 사농공상으로 신분이 구분되어 있었다. 유럽과 한국의 공통점은 신분에 대응한 스포츠 문화를 가졌다는 점이다. 차이점은 유럽사회의 성직자들은 종교뿐 아니라 정치나 일상생활에도 큰 영향을 미쳤지만, 한국의 불교 성직자들은 세속과의 관련을 맺지 않았다는 사실이다.

### 1. 기사스포츠

중세 시대의 기사스포츠의 형태를 알기 위해서는 유물을 통해서 확인하는 방법이 있다. 하지만 유물만을 통해서 당시의 스포츠 형태를 재현한다는 것은 한계를 가질 수밖에 없다. 그렇기 때문에 중세를 배경으로 한 영화를 통해서 기사들이 주로 행했던 마상창 경기인 주스트, 토너먼트의 경기 형태를 확인할 수가 있다.

귀족의 유형은, 세습귀족으로서 국왕에서 대영주, 소영주까지를 가리키며 두 집단은 공유의 교육과 통합된 스포츠문화를 융합하였다. 10세기 이후 기사가 번창한 시대에는 기사들의 주된 생활은, 모험과 사랑을 위해 온 나라를 돌아다니고 무술과 기품을 나타내는 것이었다. 기사들은 죽고 살기의 승부 외에 용기 있는 무술과 기품을 단련하기 위해 갖가지 기마시합을 하였다. 그 중에 유명한 것은 토너먼트와 주스트였다. 토너먼트는 6세기경부터 실시되어온 집단 기마싸움으로 마상경기를 의미했다. 10세기 이후에는 계획적인 경기하에 관람석을 설치한 시합장에서 호화롭게 실시되었다.

주스트는, 영화 '기사 윌리암' 에서 볼 수 있는 것처럼 마상창 시합으로 달리는 말 위에서 긴 창을 가지고 서로 상대를 쳐서 떨어뜨리는, 일종의 창 시합이다. 10세기 이후 경기법도 세련되어져 긴 창도 해를 주지 않는 것으로 만들고, 말의 격돌을 피하기 위해 시합장 중간에 높이 1미터가량의 담장을 세웠다. 이 경기를 위해서 기사는 상당한 훈련과 우수한 말을 필요로 했다.

용기와 기품이있는 기사가 되기 위해서는, 단계적인 기사교육이 필요하였다. 7세까지는 가정교육을 받고 14세까지는 영주나 고명한 귀족의 슬하에서 머슴으로 자라면서 수영, 경주, 조약, 승마, 검술, 마상창 등의 훈련을 받았다. 21세까지는 종사로서 부엌일, 마구간일, 무기창고일, 수렵 등을 하면서 기사로서의 기술능력을 훈련하고 21세 때에 후원자로부터 기사로 서임되었다.

매사냥은 가장 고귀한 스포츠로 군림하며 왕후와 귀부인도 참여하는 일종의 사교장이 되기도 하였다. 수렵은 남성 중심으로 행해졌고 숲의 사유권이 확립되었다. 사냥개의 품질 개량이 이루어졌으며 수렵권이 독점되며 귀족 전유의 스포츠가 되었다. 후에 육상이나 마술경기와 밀접한 관련을 맺었다. 귀족 점유의 배경은, 수렵의 즐거움과 예측 불허한 임기응변의 술책, 그리고 기술의 발달, 무기를 들고 기마를 하는 전투훈련용, 자신의 소유 토지를 순찰, 먹을거리나 자신의 무용담을 자랑하였다.

수렵 후의 '스티플 체이스' 경기는 귀족은 기마, 몰이꾼은 도보로 숲 또는 교회탑까지 경주하는 것이었다. 이후에 크로스 컨트리, 장애물 경주, 허들, 멀리뛰기 등의 기원이 되었다. 기마의전은 11세기 기사계급의 형성과 함께 시작 되어 12세기, 13세기에 전성기를 이루었고 기마에 의한 모의전으로 기마창 시합을 하였다. 기마창 시합의 종류는 1:1의 주스트, 집단의 토너먼트가 있었다. 승리판정의 방법은 최후까지 남는 자와 몇 명을 이기는가로 결정하였다. 시합 중 앙리 2세의 죽음으로 시합은 중단되었다.

승리에 대한 보상으로 명예와 재산이 부여되었다. 귀부인은 시합의 개최를 선언하고 왕후는 귀족의 결혼식과 기사임명식 그리고 후계자 탄생 및 전승기념식을 진행했다. 기사 스포츠는 교회 제행사, 출전식이나 전쟁 시 사기 진작을 위한 시합이었다. 특히 기사정신은 명예, 충성, 교양, 예의 등의 젠틀맨십을 나타내었다. 이후에 스포츠맨십으로 연결되었다.

쥬 드 포옴은, 손바닥으로 공을 되받아 치는 게임으로 12세기 프랑스 수도원에서 고안되었다. 코트는 80~150미터의 불가사이한 구조였으며 복잡한 룰을 가지고 있다. 볼 만드는 사람을 고용하였고 왕후와 귀족의 전유물로 왕궁 안에서의 문외불출의 스포츠 활동을 하였다. 루이 14세(16세기)가 당구에 관심이 많아지며 쥬 드 포옴 경기는 감소하였다. 각 도시에 구희관을 건축하며 도박으로 타락하게 된 17세기 계몽시대에 쇠퇴하게 되었다. 이 후, 쥬 드 포옴 경기장은 연극 공연과 예술 활동 등 다른 용도로 사용되었다. 19세기 후반 '로운 테니스'로 계승되었고, 그 외 라술, 사냥, 승마, 펜싱 등이 행해졌다.

## 2. 시민스포츠

시민사회에서는 화폐경제의 발전, 기사계급의 쇠퇴, 농민들의 이농현상으로 경제력을 중심으로 한, 자유를 추구하는 세 계층이 형성되었다. 도시귀족, 중류계층, 최하층으로 형성되어 군복무와 경제활동 중심의 생활을 하였다. 중세도시는 수공업자, 상인, 금융업자 등의 공동체로 되어 있어서, 13세기 당시, 독일에만도 3천여 시에 미쳤다. 그래서 상공업을 통해서 부가 집중되었고, 특히 시민계급은 자치정신과 자결의식이 불타오르게 되면서 자력으로 도시를 방위하게 되었다. 이러한 자력으로 인한 방위의 필요 때문에 시민과 그들의 자녀들 사이에는 신체훈련이 유도되었다. 펜싱, 레슬링, 및 사격은 그 중심이 되었고, 달리기, 조, 던지기 및 댄스 등의 민족적 운동도 신체훈련에 포함되었다. 레슬링과 펜싱에는 지금까지의 농민적인 소박함을 밀어내고 계획적이고 단계적인 발전 훈련이 채용되었다.

스포츠는 교회와 길드와의 관계협력을 위한 공동체 의식을 함양하였다. 또한, 스포츠 활동을 통하여 통일정신을 고취하였고, 교회의 정신적 가치를 위한 종교 행사적 수단으로 행해졌다. 도시방위목적의 자치정신과 자결의식을 반영하고 있으며 힘들고 단조로운 생활로부터의 여가, 오락 활동으로서의 역할을 하였다.

스포츠는 시민제 행사로서 행해졌다. 신분을 초월한 스포츠 행사로써 농민 사이에서 행해졌던 달리기, 뛰기, 던지기 등의 민족전승 운동과 기사와 도시귀족이 행했던 기마경기를 채택하였다. 스포츠 종목이 개발되고 프로사범과 전용도장이 등장하였다. 뿐만 아니라 스포츠클럽이 형성되어 스포츠 경기를 위한 공통적인 룰이 개발되며 전근대적인 스포츠문화를 형성하게 되었다.

시민스포츠 활동은 문제를 발생하기 때문에 시 당국에 의해서 빈번히 금지가 되었다. 폭력행위로 인한 사상자 속출과 건물 파괴가 생겨났으며, 특히 출신지 간의 승리집착현상이 나타났다. 그리고 도시방위에 소홀하게 되었고, 농촌의 토착적 성격을 버리고 단순한 게임으로 전환되었다. 스포츠의 종류는 크로스와 검술시합, 격투, 풋볼 등이 행해졌고 과녁 맞추기는 기마창 시합의 준비훈련이었지만 대중화되었다.

### 3. 농민스포츠

봉건시대의 지배계급은 농업생활을 저해하지 않는 한 농민계급의 신체활동에 대해서 묵인하는 방책을 고집했다. 일반농민계급은 제한된 시간과 공간 속에서 스포츠 활동의 욕구를 충족시켰던 것이다. 뿐만 아니라 이 시기에는 기술혁신에 의한 농업의 변화가 있었다. 농민의 부락 공동체가 형성되어 집회결성과 합의에 따른 부락공동체의 불문율에 의하여 폭력성을 조절하였다. 교회력에 의한 농경의례를 위한 스포츠 행사는 승패에 집착하지 않았다. 부활제 시기의 축제, 파종과 이식을 위한 축제, 가을수확의 수확제, 교회창립제나 결혼식 등의 축제에서 스포츠행사가 이루어졌다. 이 시기의 스포츠 활동으로는 춤을 들 수 있다. 춤은 커플댄스, 닭춤, 키스춤 등이 행해졌으며 달리기, 뛰기, 던지기, 볼링(구주희) 등의 민족전승운동도 행해졌다.

유럽 중세의 농민스포츠의 의의는, 겉으로는 교회력에 따르는 것 같았지만 실제로는 농촌 정신을 계승하였다는 점이다. 봉건제도하에서 농민계급에 실시되었던 신체운동은 소위 민족적 게임이라고 불리던, 소박하고 즉흥적이며 비조직적인 것으로서 지배계급이 실천했던 각종 경기의 모방적인 것이었다. 예를 들면, 중세 말 및 근대 초기의 그림에 의하면 달리기, 던지기, 각력, 모방마상경기, 공놀이 등으로서, 주로 그리스도교적 농사 축제 등에 실시되었다. 달리기는 적당한 곳에 설치된 골을 향하여 달리는 것으로서, 코스에는 구경하는 사람들이 모여들었다.

## 르네상스의 스포츠와 교육 • • •

르네상스가 나타나게 된 배경은, 상업과 무역의 발달로 봉건제도의 기초가 붕괴되었고 지적탐구의 정신에 의한 스콜라철학이 기초가 붕괴되면서이다. 따라서 고대 그리스와 로마를 연구함으로써 인간에 대한 억압을 인식하여 신학으로 지적활동을 해방시키게 되었다. 전쟁, 전제군주의 압제, 백성들의 봉기, 교회와의 싸움, 유행병에 대한 공포 등의 파괴적인 요소가 사회전반에 팽배했다.

르네상스는 신생 또는 재생을 의미한다. 중세의 이탈리아를 중심으로 나타난 보편주의, 봉건제도, 집단주의를 부정하고 인간과 자연의 재발견, 조화로운 인간상을 중세 이전의 고대문명의 헬레니즘으로 재생하려는 운동이다.

문화적 요인은 르네상스 교육의 등장에서 찾을 수 있다. 이탈리아를 중심으로 한 개인적 인문주의와, 독일을 중심으로 한 종교와 사회개혁에 관심 있는 북유럽의 사회적 인문주의, 도덕주의, 실학주의 교육에 영향을 주었다. 종교적 요인은 보편교리에 대한 부정, 성경과 개인의 체험적 신앙을 근거로 원시기독교 이상을 회복하려 하였다. 이것이 종교개혁의 시발점이 되었다. 경제적 요인은, 도시발달과 동방교역의 영향으로 산업혁명이 시작되었다. 이는 곧 자본주의의 시작을 의미한다. 정치적 요인으로는, 세습과 권위적인 관습을 부정하였고, 개인의 자유를 중시하는 근대 후기의 계몽사상에 영향을 주었으며 결국에는 시민혁명으로 이어졌다.

근대 과학은 르네상스의 3대 발명품에 의해서 발달하게 되었다. 3대 발명품이란, 화약과 나침반 그리고 인쇄술이다. 화약은 중국에서 발명되어 아랍을 거쳐 15세기에 유럽에 유입되었다. 총기와 대포의 활용으로 봉건제도가 대두하게 된 원동력이었다. 나침반 또한 중국에서 발명되어 유럽에 전파되면서 항해발달에 공헌하였다. 인쇄술은 독일의 구텐베르그에 의해서 1450년대 발명되었다. 제지술과 잉크 발명으로 스콜라철학에 의하여 독점되었던 학문세계를 개방하여 지식과 정보의 신속한 보급으로, 지식의 대중화가 시작되었다.

코페르니쿠스의 지동설은, 중세 이래 공인된 프톨레미의 천동설을 부인하는 계기가 되었다. 기독교적 지구중심의 우주관으로부터 벗어나 근대과학에 맞는 새로운 우주관을 가지고 대항해를 시작, 신항로 개척과 신대륙 발견의 동기가 되었다.

신 이상적 인간상의 탄생으로 전인상을 추구하였다. 전인상은 몸과 마음, 감성과 지성, 용기와 온순 등의 조화로운 인간을 의미한다. 신사에 대한 의식이 변화되었음을 알 수 있다. 사교신사는 귀족의 기득권이 아니라 학문, 예능, 스포츠 등에 대한 스스로의 정진이 더욱 중요하다는 의식이 생겨났다. 이탈리아의 사교는 신사의 이상을 확대하였다. 전 유럽의 상 · 중류층의 자제교육의 이상이 되었다. 《일 코르티지아》는 16세기 후반 영, 독어로 번역되어 신사교육을 위한 참고서가 되었다.

이때에 근대식 스포츠교육이 탄생하였다. 고대 그리스의 짐나스틱게와 고대 로마의 신체훈련 방법에 관심을 가지고 고대 스포츠 관련 문헌의 연구가 이루어졌다. 이탈리아의 의사 메르크리알리스는 《고대스포츠교육, 1569》이라는 책을 보급하였다.

근대적 학교 스포츠의 이론이 정착하게 되었다. 즐거움, 아름다움, 효능성, 건강 등의 가치를 인식하고 육체, 신체활동을 통한 전면적인 발달을 추구하였다. 이것은 인문주의적 교육이상이라고 할 수 있다. 인간을 개개의 개성적인 인격으로 존중하였다.

기숙사 학교와 궁전학교 설립을 통하여 인문주의적 스포츠교육을 강조하였다. 빅토리노 다 펠르테와 페라라의 최초의 인문주의 학교

'라 지오코사' 는 '즐거운 집' 으로 불릴 정도로 가장 훌륭한 교육환경을 갖췄다. 라 지오코사에서는 체육교과목이 큰 비중을 차지하고 학생들에게 공놀이, 도약, 달리기, 펜싱, 승마, 하이킹 등의 지도를 통해 군사적 의무를 위한 로마, 중세 기사 훈련을 시도하였다. 실학주의, 단련주의, 자연주의 등의 체육 교육에 영향을 주었다.

중세 도시의 화려했던 시민 스포츠가 계승되어 도시의 생활문화가 농촌에 영향을 주게 되었다. 귀족들은 마상창 시합, 중류시민은 검술, 사격에 열중하였다. 시민제의 활성, 쥬 드 포옴의 대중화, 영국의 골프, 하키, 크리켓, 팔로네 등이 보급되었다. 16세기 이후 스포츠 문화가 급속히 보급되고 게임형태로 정비되면서 경기방법이 지역적 관습에 따라 차이를 보였다.

르네상스 인문주의가 요구하는 교양인으로서의 전인을 목적으로 기사학교와 운동사범이 탄생하였다. 운동사범은 기술의 체계와 지도방법론을 연구하여《마술교범》,《구희서》등과 같은 지도서를 제작하였다. 기사학교는 프랑스에서 16세기 말 최초로 건립되었다. 학교프로그램은 지적교육으로서 근대어, 축성술, 국가학, 역사경제학, 수학, 지리학 등이 마련되었고, 기사훈련으로는 승마, 검술, 곡마, 포옴, 교련, 수영, 일반 운동 등이 제시되었다. 우아성의 훈련으로 에티켓, 작법, 댄스, 악기연주 등이 행해졌다.

기사학교와 운동사범은 스포츠 기술을 체계화하였고 지도방법론을 연구하게 되었다. 운동사범들의 연구결과는 인쇄술에 의하여 보급되었다. 운동의 목적이 교치성과 우아성을 강조하는 '보다 아름

답게' 의 운동요소에 있었다. 근대 올림픽의 표어인 '보다 빨리, 보다 높게, 보다 멀리' 와는 차이점이 있음을 알 수 있다.

### 항해시대와 스포츠 • • •

항해시대의 개막으로 콜롬버스가 신대륙을 발견하였다. 역사에서 보면 지리상의 발견은 유럽중심의 사관에 의한 기술이라고 할 수 있다. 당시 그곳에는 원주민이 살고 있었고 그들만의 독특한 문화를 가지고 있었다. 원주민의 시각에서 보면 그들에 대한 침략이라고 할 수 있다. 마젤란의 세계일주(1522년)로 지구는 둥글다는 것을 입증하였다. 이 민족에 대한 관심으로 민족학이나 문화인류학의 새로운 학문분야가 출현하였다.

지구를 구체적인 정복과 탐험의 대상으로 여기게 되었으며 기독교적 문화의 보급과 세계 각지의 문화를 유럽 중심으로 유입하게 되었다. 원주민의 토착 스포츠와 접촉하게 되어 인디언의 고무공 놀이, 카누와 해먹에 대한 기록, 폴리네시아 지역의 파도타기 놀이, 동남아시아, 한국, 중국의 연날리기를 소개하게 되었다.

항해가 낳은 스포츠가 등장하였으며 범선의 이미지는 독일체조에 큰 영향을 미치게 되었다. 항해 중의 영양관리나 건강관리에 관심이 증대되었고 항해와 관련된 스포츠 활동이 행해졌다. 봉마놀이는 목제의 수평봉에 범선의 활대 이미지가 연결되어 횡목위에 올라 팔지지 자세로 먼 거리의 경치를 볼 수 있었다. 수평봉에 정확성과 우아성을 가미하였다. 얀에 의하여 올리기 기술, 내리기 기술, 정지기술 등 힘을 요하는 기술도 더욱 보강하였다. 봉마 놀이는 유동원목에 사슬을 매달아 통나무를 이용하는 운동이다.

## 중근세 한국 스포츠 • • •

한국사에서 중세시대라고 볼 수 있는 시기는 고려시대로서 신분제도가 확립된 시기이다. 태조는 불교보조, 북방정책 강화, 귀족과 호족들을 포섭하였다. 성종은 중앙과 지방 관제 대폭 개혁, 학문과 산업 장려, 국자감 설치, 동서학당과 지방향교를 설치하여 인재를 양성하였다.

고려사회의 특징은 귀족 계급을 중심으로 불교를 국교화하고 유교적 통제 제도를 확립하였다. 무예를 통한 신체훈련이 군인들에 의해서 행해졌으며 스포츠 활동은 상대적으로 천시되었다. 특히, 신분에 따른 무예와 오락 활동, 유희활동이 스포츠로 계승되었다고 할 수 있을 것이다.

스포츠 활동은 귀족계급만의 활동으로 제한적이었다. 격구가 가장 대표적이며 투호, 쌍륙, 기국, 격봉 등이 행해졌다. 그리고 편사(便射)라는 종목은 조선시대 사대부들의 가장 융성한 스포츠로 알려지고 있다. 스포츠맨십이라고 볼 수 있는 사풍(射風)은 서로 존중하고 예를 갖추어 규율에 따라 경기를 하고, 의관의 정제와 바른 자세로 상무정신의 고양과 여가선용이라는 차원에서 자신을 수련하고 예를 배우고 인격수양과 자질양성을 위한 가치 있는 활동으로 알려지고 있다. 귀족계급의 스포츠 활동은 중세유럽의 기사도와 근세의 신사도에서 볼 수 있는 스포츠맨십과 맥락을 같이한다.

서민들의 활동은 씨름이 가장 대중적이었으며 연날리기, 널뛰기, 추천, 활쏘기, 죽마, 공기, 수박, 설망, 장기, 윷놀이, 줄타기, 축국, 줄넘기 등이 행해졌다. 명절의 오락과 유희활동은 정월대보름의 석전, 단오의 그네뛰기, 씨름, 8월 한가위의 강강수월래 등으로 절기에 따른 활동이라고 할 수 있다.

이 당시에 무예로서의 스포츠가 행해졌다. 무예의 목적은 군사적인 목적과 문무귀족의 유희, 오락 활동의 이중성을 가진다. 무예의 경기화는 기마술의 격구, 궁술의 도박경기, 수박의 경기화 등에서 찾아볼 수 있다. 과거제도 내에 무과를 실시하였다. 무과는 신분상의 제한이 완화됨에 따라 무관의 자손을 비롯한 향리나 서민으로 무예에 재능이 있는 사람에게 기회를 제공하게 되었다.

교육활동으로서의 스포츠로 대표적인 것이 활쏘기이다. 활쏘기는 덕행의 연마를 목적으로 한다. 활쏘기의 종류에는 대사, 빈사, 연사, 향사 등이 있다. 활쏘기는 귀족자제들에 의해서 행해졌는데 성균관이나 향교에서 행해진 향사례가 대표적이다. 향사례의 목적은 향민 체질 향상과 상무정신의 함양이었다.

# 제11장

# 제전경기와 고대 스포츠

대문명의 시기는 BC 4000~3000년 말, 바빌로니아 문화 이후 전개되었다. 고대도시의 문명 전개, 금속, 철기시대가 시작되었다. 고대문명 발상지는 서남아시아의 메소포타미아, 동북 아프리카, 이집트의 나일강 유역, 중국의 황하 유역, 인도의 갠지스 강, 인더스 강 유역 등이다.

이 지역들은 지리적 조건이 유사하다는 점을 알 수 있다. 첫째, 농경사회에 필요한 주요한 수자원이 공급되고 있었다는 점이다. 농사를 짓기 위해서는 일정한 양의 물을 필요로 하기 때문에 인근 하천을 중심으로 도시가 성립되었음을 알 수 있다. 둘째, 인구집중으로 인해 많은 도시국가를 형성하였다. 셋째, 강을 이용한 활발한 교역활동이 이루어졌다.

정치체계는 강력한 중앙집권체제와 절대적 왕권체계를 갖추고 있었다. 이집트는 건국 이래 강력한 중앙집권체제로 계급화되어 있었다. 왕은 신으로 추앙되었고, 귀족, 사재, 관리 그리고 서기나 집사로 일하는 학자도 기세가 당당하였다. 그리고 군인이라는 특권계급은 세금 없이 토지를 소유할 수 있었다.

메소포타미아처럼 견고한 성벽의 도시국가가 아닌, 지역적으로 나일강의 본류와 관개용수로로 둘러싸인 몇 개의 촌락을 기반으로 하고 있었다. 타민족의 침입이 거의 없었기 때문에 전원적인 국가를 형성할 수 있었다. 도시에는 상인, 직업인과 같은 중산계급과, 극히 불규칙적이며 적은 수입밖에 없는 노동자가 있었고, 최하층의 사회계급으로는 많은 세금에 허덕이는 농민이 있었다.

이러한 사실은 바빌로니아의 함무라비 법전을 통하여 알 수 있다. 이 법전에는 보복주의, 준사형주의, 불평등원칙 등으로 분쟁의 중재, 조정의 역할뿐만 아니라 공공 안녕 유지의 내용을 담고 있다. 또한 왕권신수설을 신봉하였다. 그리고 귀족, 평민, 노예로 구성된 계급제도가 정착되었음을 알 수 있다. 그 한 가지 예로, 인도의 카스트제도를 들 수 있다.

경제체제는 계급사회를 중심으로 절대적인 통제하에 생산재분배체제가 이루어졌다. 종교적 특징은 다신교, 범신교, 일신교 등으로 나눌 수 있다. 이집트의 경우 과학, 건축, 농업 등 여러 면에서 인류의 문화에 공헌하였다.

특히 12개월의 달력을 만들어 천문의 발전을 가져왔으며, 대수,

기하, 토지측량에 관한 기술을 개발하고 건축기술, 수역학, 응용공학, 항해술, 의학 등의 분야에서 많은 과학적 발전을 이룩하였다. 또한 표음문자인 알파벳을 창안하고 보존을 위해서 파피루스를 고안하였다.

예술에 있어서는 그리스나 르네상스의 예술에 비하면 미숙하지만, 그림과 조각을 시작하였다. 특히, 거대한 피라미드의 건설은 현재까지도 위대한 인류의 업적으로 남아있다. 그 외에도 농경문화, 철기문화의 발전과 전파에 기여하였다. 그리고 태음력, 60진법에 의하여 시간, 분, 일을 계측, 해시계와 물시계를 고안하였고, 태양력, 의료술, 건축, 문자 고안, 파피루스 이용, 생활습관, 역사의 기록문화가 시작되었다. 종교, 학문, 예술, 과학, 의학, 수학, 천문학 등 다방면으로 고대 그리스, 로마 문화에 지대한 영향을 주었다.

체육은 정식 학교 교과과정 속에 포함되지 않았다. 일반적으로 직업의 성질에 의해서 각 개인의 신체운동은 규정되어 있었다. 예를 들면 농민, 직공, 군인들은 매일 노동 직무에 있어서 일정한 운동량을 생산 활동에 사용하였다. 따라서 체육에 대한 국민의 강제적 목적과 같은 것은 거의 찾아볼 수 없다. 이집트인은 의학 면에서 약간의 발전을 이룩하였지만 초자연적인 것과 의술의 결합으로 인해 제약을 받았으며 건강이나 휴양, 운동 등에 관해서는 주목할 만한 것이 없다.

이집트의 경우, 수영이 가장 널리 보급된 스포츠였으며 영법의 하나인 오버핸드 스토로크나 인공호흡법을 이미 사용하였다. 귀족의 정원에는 수영장이 있는 집도 있었으며, 더욱이 수영을 전투기술의 유일한 전법으로 이용하였다. 군인계급에서는 전투기술을 높이기 위하여 스포츠를 실시하여 군사훈련을 보강하였다. 소년들을 훈련소로 보내 무기의 조작과 속력, 근력, 유연성, 기민성 등의 운동으로 활발한 훈련을 시켰다.

## 쇼 스포츠 •••

쇼로서의 스포츠는, 곡예로서의 스포츠와 게임형태로서의 쇼 스포츠로 구분할 수 있다. 우선 곡예로서의 스포츠에 대하여 알아보면 다음과 같다. 곡예의 어원은 그리스어 akros(꼭대기, 선단)+bainein(걷다)의 합성어로 '아슬아슬한 줄 건너기'를 의미한다. 곡예의 평가는 곡예의 실패 예상감과 성공과의 낙차가 클수록 연기자에게 높은 평가를 하였다. 곡예의 변화는 부족사회에서 초자연적인 존재를 증명하는 종교적 수단으로 위험상황을 완수하면 신성함을 인정하였다. 예를 들어, 아프리카 민족의 죽마연기, 하와이 왕의 맨손으로 잡는 창 연기로 초자연적 존재를 증명하였다.

특히 고대사회는 연기자의 위험연출을 통하여 경제활동을 목적으로 하였다. 곡예의 종류로는 크레타 섬, 이집트, 인도 등의 소 뛰기와 중국의 도립, 마상 곡예 등 동물을 이용한 곡예가 있다. 소 뛰기의 기원은 풍작을 기원하며 소를 제물로 바치는 제사에서 유래하였고, 다른 곡예 종류에 비하여 상대적으로 적었다. 동물 재주는 원숭이나 곰, 사자가 연기하는 것을 보고 즐겼다. 예를 들어, 이집트 궁전 내의 동물원을 히타이트 왕조 후에 대중오락의 산실로 정착하였다. 동물을 이용하지 않은 곡예가 발달된 나라는 중국으로서 잡희, 고교, 농환, 도환 등이 있다.

중국의 기예단이나 곡마단은 중국에서 시작된 것이 아니라 서역의 페르시아나 이집트로부터 기원을 찾을 수 있다. 멕시코 고원의 테라콧타, 아스텍카의 곡예 등을 들 수 있다. 곡예의 전파는 서남아시아 특히 이집트를 중심으로 고대 각 도시의 순회를 통하여 중앙아시아를 거쳐 중국, 동남아시아 그리고 한국, 일본으로 전파되었다.

다음으로는 게임형태로서의 쇼 스포츠에 대하여 알아보자. 이집트의 쇼 스포츠의 유래를 알아보면, BC 2000년경 파라오 이하 백관 앞에서의 목검 시합, 병사들의 훈련 발표회, 그리스 BC 6세기 경 4대 제전 경기회, 수많은 지방 제전 경기회를 시작하면서 본격적인 스포츠의 전문화와 쇼 스포츠가 탄생하였다.

그리스의 보상금제도는 하층시민의 생계방편으로 그리스 각지의 제전 경기회의 상금대회화로 스포츠의 전문화가 시작되었다. 경제적 홍미고조로 아마추어리즘은 감소(상금이 없는 4대 제전 경기의 우승자는 자신의 폴리스에서 상금과 영웅으로서의 최고의 대우를 받음)하였다. 그렇기 때문에 특정 운동종목에 대한 집중적인 관심과 훈련이 실시되었다. 이때 스포츠전문가들의 동업형태의 조합형성과 조직화가 이루어졌다.

로마시대의 대표적인 쇼 스포츠는 클리크스의 전차경주를 들 수 있다. 전차경주는 정치가들의 인기관리와 득표를 위한 정치적 수단으로 이용되었다. 특히 정권유지를 위한 수단으로 자본가에 의하여 마구간 클럽이 운영되었고, 전문적인 직업선수 고용과 도박 산업의 관리 경영자를 배치하였다.

전쟁포로나 노예, 또는 돈을 목적으로 하는 시민들로 구성된 직업선수들은, 원형경기장에서 전차경주나 스피나의 커브에서 급회전시에 많은 사상자를 냈다. 콜로세움에서의 초기 검투시합은 원형경기장에서 행해졌으나, 검투사 경기만을 위한 원형투기장에서의 야수같은 인간의 격투와 사투로 향락적인 로마시민을 더욱 자극하였다. 개인전, 단체전, 해전게임으로 변형되었다.

중남미 지역의 경기는 석조 경기장의 볼 게임이 성행했고, 황제와 귀족은 고용선수를 소유화하였다. 과거에는 깊은 종교적 의미로 행하여졌으나 점차적으로 도박과 세속적인 즐거움을 목적으로 하였다.

동양의 중국은 BC 108년 전한 무황시대, 각저대회에서 300리 이내 사람이 모두 관람하였다. 궁중 내에 연예전문경기자 양성소가 설치되었고 황제의 쇼 스포츠 대회 개최는 자국의 권위를 외부에 과시하는 것이었다.

## 동물 스포츠 • • •

농업혁명으로 가축을 사육하는 과정에서 동물을 이용한 스포츠가 출현하였다. 후기 구석기 시대는 개를 이용한 스포츠가 신석기시대

이후에는 산양, 소, 말, 낙타, 순록, 닭 등을 게임에 이용하였다. 투우는 평화스런 농경과 제사 속에 만들어진 것이며, 말과 관련된 경기는 전쟁문화 속에서 생성된 것이다. 문화인류학자 기어츠의 닭싸움 연구에 의하면, 발리 섬의 닭싸움은 남성들만의 놀이였으며 여성들의 참여를 제한하였다. 싸움닭은 남성을 상징하였기 때문에 온 정성을 다하였다. 싸움에 진 닭의 경우는 그날 바로 잡아 먹었다.

동물과 관련된 스포츠는 개 경주, 투계, 매 사냥, 말 경주, 투우 등이 행해졌다. 개 경주는 시베리아 동부 수렵어민들 에게서 찾아볼 수 있었다. 투계는 동남아시아 작물 재배, 미개 농경민, 인도에서 행해졌다. 매사냥은 앗시리아, 그리스, 로마, 인도, 중국, 한국, 일본 등지의 귀족계급을 중심으로 이루어졌다.

말 경주는 사냥과 전쟁에 이용되었으며 스포츠가치는 BC 2000년경 미케네 문명의 전차수렵부터 인정, 야외에서 하던 경기가 점차 수렵원 실내에서 하는 경기로 이어졌다. 또한 전차경주는 왕후나 귀족의 죽음을 기리는 장례에 즈음하여 이루어졌으며, 고대 그리스 제전경기종목, 로마의 클리크스의 인기 종목이었다. 이외에도 경마, 기마수렵, 마상창 시합 등이 있었다. 투우는 쟁기식 경작과 풍요의례로서 소를 바치는 의식을 말한다. 인도나 동남아시아의 벼 경작지대에서는 투우결과 패한 소를 나누어 먹었다.

## 지배계급의 스포츠 • • •

지배계급의 스포츠는 교육 또는 여가활동으로서의 스포츠의 성격을 가졌다. 고대 그리스에서는 공 던지기, 원반던지기, 창던지기, 전차경주, 복싱, 레슬링, 달리기, 활쏘기 전투무용, 제전무용이 행해졌다. 고대 로마에서는 공 던지기, 자연수렵, 방목수렵이 행해졌다. 고대 이집트에서는 여가위주의 스포츠로 바둑, 장기, 다이아몬드게임, 체스 등 실내유희와 수렵원에서의 수렵이 행해졌고, 낚시, 수영, 공놀이 등은 종교적 제전이나 외국사절 접대행사를 위한 관람스포츠로 행해졌다.

고대 중국은 이두마차, 사두마차, 수렵, 활, 마술, 각저, 축국, 둔도, 도환, 무검, 기술, 마술, 도려심동, 사닥다리, 줄 건너기, 곡예 등이 행해졌다. 고대 한국은 검무, 군무, 궁사와 기사, 수박, 수렵, 각저, 고구려 무용총의 군무도, 전렵도, 수영, 투호, 위기(바둑), 저포(윷놀이), 축국, 추천(그네뛰기), 풍연(연날리기) 등이 행하여 졌다.

## 우주론과 스포츠 • • •

고대문명에 있어서 천문학의 발달은 독특한 우주론을 생성하였다. 우주론은 개인과 사회, 왕국과 우주와의 조화를 통하여 생산과 활동에 필요한 힘을 얻는다는 믿음에서 시작되었다. 개인의 삶에는 점성술과 길흉법이 반영되었고, 왕국은 대우주와 대응된 소우주로 인식하였다. 대표적인 예는 이집트의 동서남북에 의한 우주의 상징,

피라미드 사변을 중심으로 태양의 대행자인 왕을 모셨다. 버마는 동서남북에 네 명의 왕비를 두고 왕을 중심으로 네 개의 방을 배치하였다.

우주론이 반영된 스포츠에는 대우주와 소우주와의 대응관념을 반영하고 있다. 특히 구기 종목은 라틴 아메리카 고대 문명에서 유래하여 부족의 중요한 의례로서 우주와의 조화를 위한 문화장치 역할을 하였다. 대표적인 경기로서는 라크로스 경기를 들 수 있다. 이들에게 있어서 구기경기장은 우주의 힘과 만나는 장소이며 공은 일월성신을 의미하였다. 우주의 질서를 보면 하늘은 아버지와 태양과 낮을, 대지는 어머니와 달과 밤을 상징하여 반족 대항을 통하여 경쟁적 협동작업과 양 팀의 상징적 결합을 의미한다.

그네는 고대인도 힌두교의 연중행사로서의 플렌카라고 불렸다. 그네는 태양, 태양남신과 대지여신의 교합(대우주와 소우주와의 만남)을 의미하였다. 농경개시 천부와 지모의 결합으로 풍년을 잉태한다는 의례였다. 그네판은 태양남신을 의미하며, 때문에 여성이 그네를 타면 성혼이 이루어지는 것을 상징하였다. 보드 놀이의 말판(천지궤도와 일 년간의 일, 월 의미)은 천체의 움직임을 기록하기 위한 별점판에서 유래하였다. 도인술은 도사치료법, 양생법, 고대 중국의 건강체조로서 우주론에서 생긴 기의 개념에서 기원하였다.

## 스포츠과학의 시작 • • •

의학적인 접근에서 건강을 위한 운동을 강조하였다. 과거의 주술적인 치료법은 대근운동에 의한 건강유지라는 예방의 차원으로 강조하였다. 고대 그리스에는 스포츠의학(운동양생술)이 있었다. 고대부터 스포츠는 과학적인것으로 인식되어 의학적, 교육학적 관심영역이 되었다.

짐나스티케는, 그리스인에게 전통적인 교양으로서의 신체를 아름답고 강하게 할 목적으로 실시하였다. 운동경기를 지도했던 짐나스테스는 지식인인 직업교사 소피스트에 포함되어 운동기능뿐 아니라 의학적 지식에도 관심을 가졌는데 의학의 아버지인 히포크라테스는 이들의 경험적 지식을 활용하여 운동 양생술로서 짐나스티케를 발전시켰다.

히포크라테스는 운동기술 면보다는 의학적인 발전에 공헌이 컸다. 영양과 운동에 대한 균형을 통하여 건강도모를 강조하여 운동경기인뿐 아니라 일반인에 대한 운동 처방을 시도하였다.

갈레노스는 신체 각 부위에 대한 특수한 운동으로 근육에 긴장을 주는 운동, 빠른 운동, 격심한 운동으로 분류하였다. 운동의 생리학적 효과를 연구하여 신체 상태를 검사하는 수단으로 최초로 맥박을 이용하였다. 또한 건강에 대한 관심으로서, 소비생활 중심의 시민들의 운동부족병을 배경으로 하여 비만문제를 인류 최초로 다뤘다.

고대 중국의 건강 체조는, 대근운동을 통한 맨손체조와 도교천문도사의 수행법을 합한 것이다. 기(氣)의 원리에 의하여 인간의 신체가 대우주에 대응한 소우주로 이해하고 건강은 이러한 기의 정상적인 운행에 의하여 유지된다고 보았다. 또한 운동의 생리학적 효과보다는 호흡법과 명상법을 중점으로 한 건강 체조를 실시하였다. 전국시대 후한 말의 의사인 화타의 《오금희》로 하여 집대성되었고, 한국에는 조선 퇴계 이황의 《활인심방》에 의하여 전해졌다.

## 스포츠교육의 정착 • • •

체육은 각 시대와 상황에 따라서 다른 목적들을 가진다. 그리스 아테네의 경우는 '행동의 인간'과 '지혜의 인간'을 합한 조화로운 인간상을 목적으로 한 반면, 스파르타의 경우, 국방의 능력을 위한 행동의 인간을 강조하였다.

스포츠의 교육적 가치는 플라톤의 《국가론》에서 본격적으로 논의되었다. 플라톤은 그의 저서 《국가론》에서 스포츠 교육을 강조하였는데 특히 7세부터 15세까지의 초등교육과정의 음악과 체육을 강조하였다. 그리고 18세부터 2년간의 병역의무를 강조하였다. 스포츠 교육의 의의는 다음과 같다. 귀족, 상위계층의 유지와 폴리스의 시민 교육의 수단이었다. 아레테라는 신체의 탁월성의 수련은 훌륭한 시민의 덕목으로서 지혜, 정의, 용기 등을 가지고 시민적 삶과 전장에서의 용맹스러움, 그리고 판단력을 기르기 위한 수단으로서 단순한 신체강화만이 아닌 훌륭한 시민 육성에 목적을 두었다.

## 군사훈련 스포츠 • • •

그리스에서 군사훈련으로서의 스포츠는 자유시민의 국방의무를 강조하였다. 그 대표적인 것으로 스파르타의 아고게와 아테네의 짐나스티케를 들 수 있다. 그 중에서 스파르타의 아고게를 살펴보면, 대부분의 교육이 군사훈련으로 구성되는데, 달리기, 레슬링, 복싱, 활, 창던지기, 판크라치온, 승마, 수영, 검술, 도약, 수렵, 볼 게임 등이었으며 여성의 경우, 건강한 자손출산과 국가에 대한 봉사를 위한 훈련목적을 가졌다.

아테네의 짐나스티케는 맨손체조, 줄타고 오르기, 볼게임, 달리기, 뛰기, 원반던지기, 레슬링, 복싱, 판크라치온, 스타디온 등이 행해졌다. 팔레스트라에서는 달리기, 왕복달리기, 장거리 달리기, 무장경주, 모래위 경주, 멀리뛰기, 창던지기, 수렵, 수영, 배젓기, 승마, 무용 등이 행해졌다. 에페보이훈련소에서는 18세에서 20세까지의 청년은 2년간 무적 군사훈련을 하였다. 이러한 스포츠는 군사훈련에서 요구되는 신체의 힘과 민첩성만이 강조되며 운동 기술적 측면에는 거의 관심이 없었다.

로마는, 단순히 인간을 강건하고 뛰어난 군인으로 훈련하는 것에 있었으며 전쟁을 위한 건강, 용기, 지구력, 기술 등에 한정되었다. 대표적인 훈련소인 마르티우스 훈련소와 병영에서는 달리기, 뛰기, 수영, 창던지기, 검술, 승마, 행군 등을 훈련하였다. 이집트는 공격적인 측면보다는 국가방위의 측면을 목적으로 한 군사 훈련를 실시하였다. 수렵, 전투무용, 레슬링, 복싱, 펜싱, 수영, 경주, 전차경주,

단봉술, 힘겨루기 등을 훈련하였다.

페르시아는 군대양성을 목적으로 남아는 6세부터 20세까지 스포츠를 교육하고 15세부터 50세까지는 병역의 의무를 부과하였으나, 지적교육을 지나치게 강조한 나머지 그리스와의 전쟁에서 패하여 심신의 조화적인 발달의 중요성에 대한 교훈을 남겼다. 훈련으로는 달리기, 석투, 궁술, 창던지기, 마술, 달리는 말에 뛰어 올라타기, 수렵, 수련술, 조정술, 무기시합 등이 있었다.

중국은 첫째, 서주시대에는 사와 어 그리고 씨름을 중심으로 훈련하였다. 둘째, 초나라 시대에는 줄다리기를 주전(舟戰)의 방법으로 시행하고, 위나라는 용맹한 병사를 표준으로 하여 채용하였다. 넷째, 전한시대에는 궁사훈련을 중심으로 하였고 다섯째, 한나라는 직업군인을 채용기준으로 도술, 창술, 마술, 역기에 중점을 두었다. 여섯째, 당나라는 각 부대의 기병 장교를 중심으로 인술, 현덕전 정원에서 활쏘기 연습, 과거제 병부 설치, 무예와 체격 중시, 권법, 축국, 중량 들어올리기, 장궁 당기기, 수렵, 석투 등을 훈련하였다.

한국은 매우 진취적인 민족으로서 기마술과 궁사가 뛰어난 기마민족 또는 동이족으로 알려졌다. 여기서 동이족은 동쪽에 위치한 활을 잘 쏘는 민족이라는 의미도 있지만, 중국을 우주의 중심으로 한 동쪽의 오랑캐라는 의미도 가지고 있다. 고조선은 고대 중국과의 대립으로 강력한 군대를 필요로 하였고, 넓은 영토유지목적으로 군사훈련을 하였다. 삼국시대에는 고구려의 강력한 군사력을 보유하기 위해 양반은 훌륭한 무사가 되어야 하며 서민은 군사적 의무를 부담

해야 했다. 따라서, 각저, 수박, 궁사, 기사, 검술, 석전, 사차노, 수렵, 검무, 수영, 축국, 마술, 격구 등의 훈련을 하였다.

### 고대 경기의 전문화와 경기관 • • •

올림피아 경기제를 시작하려고 하는 제전경기회의 명성이 높아짐과 동시에 경기는 전문화되었다. 기원전 5세기 초에는 일상생활의 대부분을 운동경기 연습에 소비하는 전문경기자가 상당히 존재하고 있었던 것 같다. 즉, 그리스 클로톤의 주자 아스튜로스와 타소스의 테아게네스 등 10년 이상 올림피아 제전경기의 왕좌를 차지한 경쟁자가 이 무렵 속출했다. 이것은 그 기간에 몸의 상태를 잘 만들고, 특정 종목 기술을 연마하기 위해 트레이닝에만 몰두할 수 있었다는 것을 나타낸다. 짐나스테스는, 기원전 5세기에 트레이닝의 규칙, 식사법, 마사지 등을 포함한 트레이닝의 과학을 개발했고, 전문적 지식으로서 체계화하였다.

고대 경기의 전문화는 경기의 발전으로서 전문경기가 등장하였고 종목 또한 다양화하였다. 뿐만 아니라, 기술을 위한 훈련방법을 모색하였는데, 조직적인 훈련기관으로 짐나스티케, 팔레스트라 등이 등장하였다. 또한 트레이닝방법론의 발달로 식사법, 규칙, 마사지 등이 실시되었다. 경기는, 승자에게 주어지는 보상과 명예의 증대에 따라 세속적인 부를 통해 금전만능주의의 경기관이 형성되었다.

## 역사로 읽는 고대 스포츠 • • •

고대문명의 종교관과 밀접한 관련을 가지고 인간이 자연의 힘에 저항하기보다는 신에게 바치는 제례행사로서 스포츠 경기를 주관하였다. 대표적인 제전경기로는 고대 이집트의 제전경기와 고대 그리스의 제전경기를 들 수 있다. 고대 이집트의 제전경기를 보면, 오락이나 여가활동의 차원에서 대규모적인 경기보다는 지역적인 소규모의 경기회를 중심으로 단체경기보다 개인경기를 중시하였다. 국가적 차원에서의 공개적인 경기는 레슬링이나 펜싱 등 피정복민들의 경기로 관객은 왕, 귀족, 외교사절이었다.

고대 그리스의 제전경기에 대하여 알아보자. 그리스의 폴리스들의 지역적 한계를 넘은 제전을 통해 그리스 민족 통일의 실질적 목적을 추구하였다. 4대 제전경기로는 올림피아제, 피디아제, 네메아제, 이스트미아제 등이 있었다.

올림피아제는 가장 오랜 역사를 가지고 근대 올림픽부활의 기원이 되었다. 올림피아제의 황금기는 BC 468년에서 BC 408년 사이로, 아테네의 황금 시기에는 제전기간을 5일로 연장하였으며 신들처럼 명석한 정신과 강인한 육체의 조화를 통한 인간상을 추구하였다.

올림피아제의 쇠퇴기에는 그리스의 모국선수들보다 식민지 선수가 증가하였다. 뿐만 아니라 이교도의 경기로 변화되었고 지나친 승부욕에 의한 10두 마차 전차경주고안(황제 네로), 선수암살 등의 사건이 발생하였다. 관람경기에 대한 관심(도박)도 지나치게 증가하였다. 또한 경기운영비용의 증대와 올림피아제와 비슷한 경기회도 증가하였다.

올림피아제는 신성한 경기를 위해 엄격한 사전준비와 심사를 하였다. 각 폴리스 간의 전쟁을 휴전하였다. 경기종목의 다양화(달리기 경주, 전차경주, 원반던지기, 창던지기, 역도, 레슬링, 권투 등, 후기에 무장경기와 5종 경기 추가)와 시, 연극, 웅변, 조각, 미술 등 종합적인 예술 발표의 기회를 제공하였다.

고대 로마의 제전경기는 대표적인 두 제전으로 루디(신과 관련하여 전쟁의 승리에 관한 공식적이고 정기적인 제전)와 무메라(개인적이며 일종의 쇼인 검투사 시합)가 있었다. 로마 최고의 제전인 로마제는 정기적이고 공식적인 제전으로 가을수확노동에 대한 휴식과 전쟁 승리 후의 대규모적 경기로서 주피터에게 바치는 제전을 행하였다.

로마제의 번성기는 공화제 이후 제정시대이며, 15일간 개최되던 것이 공화제 말기에는 76일로, 마르쿠스 아우렐리우스 시대에는 135일로 클리크스와 콜로세움 및 극장을 중심으로 개최하였다.

로마제의 경기종목으로는 달리기, 승마, 마차경기, 전차경기, 검투사시합, 레슬링, 모의시합 등이며, 후기에는 일종의 쇼가 되어 로마인의 향락적인 욕망의 만족으로 변형되었다. 검투사시합의 폐단은 국가의 막대한 운영비의 낭비와 정치가들의 야심으로 개인적인 경기회를 개최함으로 비롯하였다.

고대 한국의 제전경기의 목적은 군사적 기원과 농경사회에서의 풍작을 기원하기 위하여 행해졌다. 한국의 건국신화에 등장하는 시

조신인 단군 신을 위한 제례행사를 가졌다. 당시의 대표적인 제전경기로는 고구려의 동맹, 부여의 영고, 예의 무천, 삼한의 소도, 신라의 가배 등이 있다. 제전경기의 시작은 BC 2333년이며, 이때 단군 고조선의 초기 제례행사로서의 신단(수두)제가 있었다.

제전경기의 규모는 단군조 5부, 9족의 수천만 명의 대표가 모여 장엄한 예식을 행한 후에 경기회를 개최하였다. 수십 일간의 경기 후에 명예를 얻었다. 제전경기의 전성기는 고구려 태조(BC200년경) 3, 10월 '신수두' 대제 칼춤, 활 시합, 택원, 물싸움, 가무, 대수렵(무예적 요소+유희적 요소) 승리자를 선배라 칭하고 국가에서 녹봉과 지위를 주었다. 스승의 역할이나 전장에서 활약하였다. 고구려 시대의 대표적인 경기종목으로는 《고려사》에서의 팔관회를 통하여 한맹, 수박, 검술, 궁사, 격구, 금환, 경마, 수렵, 검무, 깨금질, 씨름, 기마 등을 시행하였다.

제전경기의 의의는 이집트, 그리스 및 로마제전에 있어서 신에 대한 제례 행사로서 전 민족의 행사였다. 단순한 스포츠 활동이 아니라 정신 세계의 확장과 위안을 위하여 심신의 조화적인 발달을 위함이다. 고구려의 선배와 신라의 화랑의 경우 경기의 승자를 국가관리로서 군인으로 등용하여 정치적인 관계를 형성하였다.

# 제12장 생존주의 스포츠의 시작

역사를 기록하기 이전에도 이 땅에는 사람들이 살았다는 것을 유물을 통해서 알 수 있다. 선사시대는 문자가 발명되기 전의 역사이며 역사를 기록하기 이전의 시대를 말한다. 이때는 인류가 자연과 다른 동물들과의 약육강식의 논리에 지배받는 시기였다. 인간은 사느냐 혹은 죽느냐 하는 생존의 한가운데 놓여 있었다. 자연에서 결핍된 존재로서 인간은 다른 동물들과 적자생존의 위험 속에서 살아갈 수밖에 없었다. 스포츠라고 말할 수 있는 것을 찾아보면 생존 그 자체를 위한 사냥기술을 습득하는 것이 전부라고 할 수 있다. 생존기법으로서 스포츠가 그들에게 유일한 여가이면서 일 그 자체였다. 여가와 일로서의 스포츠는 생존기법의 습득 시간이 전부였다.

## 부족사회의 생활 • • •

부족사회는 문자가 발명되기 이전의 후기 구석기 시대부터 고대 문명이 발생하기 이전의 신석기 시대까지의 사회를 의미한다. 부족사회는 일종의 부족장을 중심으로 한 집단 공동체로 주로 호모 사피언스가 중심을 이룬 최초의 사회라고 할 수 있다. 부족사회의 유형은 특성에 따라 구별된다. 동식물을 채집하고 수렵을 위주로 생활한 유목형태의 사회를 말한다. 호주의 원주민들의 삶의 형태와 유사하다. 정착형태의 사회는 북미 인디언 부족에서 발견되는 부족사회이다. 미개 농촌 사회는 가축이용이 거의 없고 미숙한 농경기술의 사회추방민족, 재분배체계의 특징을 가지고 있다.

특히 채집과 수렵중심으로 하는 부족사회는, 식물이나 과일의 채집의 경우 개인적인 행위에 만족하고 동물사냥의 경우 협력, 전략, 도구의 기술, 나눔의 관습이 형성되어 이타적인 생활을 시작하였다. 점차적으로 수확물이 풍요로운 계절에 밴드가 형성되었고 부족들 간의 교류가 시작되었다. 교류는 제사, 가무, 게임, 힘겨루기, 주술비교 등이 행해졌다. 미개 농촌사회의 농번기는 수확제 다음으로 농사를 시작하기 위한 행사로서 성스럽고, 한가로운 시기이다.

선사시대 인간들의 생활은 풍요로운 거주지에서 살았다. 하지만 지리상의 발견 이후로 유럽인들에 의하여 불모지로 쫓겨나게 되었다. 이들은 여가시간과 노동시간이 뚜렷하게 구분되어 있지 않아서 하루 3 · 4시간 정도만 일하고 나머지 시간은 여가시간으로 활용한 것을 유추할 수 있다. 이들의 주된 여가활동으로는 낮잠, 잡담 외에 활발한 스포츠 활동을 하였음을 유물들을 통해서 짐작할 수 있다.

선사시대의 스포츠문화 연구에서 주의해야 할 부분은, 현재 부족의 스포츠 문화는 고유의 것이기보다 문명권의 문화의 영향을 역으로 받은 특징들을 신중히 구분해야 한다는 점이다. 예를 들어, 북미 타고타 족의 '태양의 제사' 는 부족 고유의 문화이기보다는 16세기 스페인의 경마문화에서 유래된 것이다. 또 다른 예로, 호주의 크리켓 경기는 호주의 고유한 신체활동이기보다는 영국에서 유래된 것이다.

### 부족사회의 스포츠 • • •

스포츠는 인류의 역사와 함께 시작되었다. 그것은 인간과 동물의 운동형태학 연구와 문화인류학적 연구의 성과로부터 밝혀지고 있다. 특히, 인간은 직립보행과 도구의 사용을 시작한 시기부터 신체운동이 변화했다. 선사시대의 스포츠는 식물획득을 위한 생활수단, 즉 수렵, 채집의 노동을 위하여 하게 되었다. 그 후 얼마 되지 않아 생활이 일정 지역으로 정착되고, 농경, 목축생활이 수반되었고, 스포츠의 형태와 의의도 전투적인 활동에서 의식적, 유희적인 것으로 변화했다.

선사시대에는 일반교육이 곧 체육이었다. 그 이유는 고대인들이 살아야 했던 환경이 인간의 육체적 건강함을 강하게 요구했기 때문이다. 육체적인 용기, 정력, 기예가 뛰어나지 못한 청년들은 그들이

속한 사회에서 위험한 존재였다. 집단의 생존의 기회를 증가시키기 위하여 이들 집단들은 청소년들에게 강인한 힘과 지구력, 민첩성을 기르도록 했는데 이러한 모든 기술들은 야외생활에서의 고생을 견디어내고 생활필수품을 획득하기 위해 절대로 필요한 것이었다.

레크리에이션과 종족의 번식은 이들에게 중요한 일이었다. 여러 종류의 의식에서 육체의 우월함을 과시하는 일은 배우자를 선택하는 데에 있어서도 도움이 되었을 것이다. 특히 무용은 출산의 의식으로서 행해졌다. 대부분의 체육행사나 무용들은 그 근원에 있어서 종교적인 신앙심의 발로로 생긴 것이었고 실용적인 것이었다. 특히 어린이들은 노는 것이 좋아서 여러 가지 놀이를 즐겨 했다.

더욱이, 세월이 흐르자 사람들은 여러 가지 경기나 무용들이 가지고 있었던 신앙의 의미를 망각하고 그것들 자체의 목적, 즉 심신의 피로를 풀거나 여흥을 위하여 즐기게 되었던 것이다. 육체를 움직여서 얻는 쾌락과 사람과의 접촉, 여러 육체 기능자들의 경기관람, 그리고 그들의 잘 다듬어진 육체를 보면서 느끼는 즐거움 등은 오늘날 우리들에게 즐거움을 주는 것처럼 이들에게도 즐거움을 주는 일이었다.

스포츠 활동은 사회유형별로 시기에 따라 큰 차이를 보이지만 공통적인 성격으로 '제사로서의 경건함과 축제로써의 즐거움 추구' 에서 찾을 수 있다. 태고사회의 인간들은 거칠고 적대적인 환경과 싸워야 하기 때문에 힘이 세지 않으면 생존할 수가 없었다. 집단의 생존을 보장하기 위하여 청년들에게 안전하게 사는 기술과 적응능력을 훈련시켰다. 생존을 위한 본능이 그들로 하여금 청년들에게 음식물, 의복, 그리고 주거를 해결할 수 있는 방법을 가르치도록 했다. 뿐만 아니라 인간이든 짐승이든 또는 자연이든 간에 이러한 적들로부터 자신들을 보호하는 방법을 가르쳤다. 그리고 운명을 점지하고 있다고 믿어지는 여러 신들의 가르침을 순종하고 따르도록 훈육하였다.

선사 시대의 스포츠는 사회적 관습, 풍습, 제례의식에서 비롯되었다. 예를 들어, 뉴기니아의 팬터코스트 섬의 육상 다이빙은 일종의 용맹과 명예스로움을 상징적으로 나타내는 스포츠라고 할 수 있다. 뿐만 아니라 스포츠는 밴드 간의 분쟁해결의 문화장치로서의 역할을 하였다. 그리고 집단의 소속과 귀속을 의미하는 교육적 역할을 하기도 하였다. 예를 들어, 일정한 나이가 찬 부족의 젊은 남자들을 대상으로 성인식의 일종으로 스포츠가 행해졌다. 이러한 맥락에서 이 시기의 스포츠 교육의 원초적 형태는 성인식과 군사훈련이라고 할 수 있다.

이들이 행한 스포츠의 방법은 모방과 스승에 대한 지도 그리고 시행착오에 의한 학습에서 찾을 수 있다. 이런 것들은 어린아이들을 가르치는 가장 근본적인 방법들에 해당한다. 많은 종족들은 어머니들이 노동을 할 동안 그 노동이 용이하게 하도록 하기 위해서 유아들을 움직이지 못하도록 단단히 묶어두기도 하였다. 어린아이들은 그들 나름대로 일이나 놀이를 하며 노는 가운데 어른들의 모방을 통해서 여러 가지 놀이를 익혀 나가기도 했다.

대부분의 어린이들은 각자 그들의 부모나 연장자들로부터 그들의 나이에 맞는 여러 가지 생존기술을 습득해 나갔다. 나이 어린 남자 아이들은 조금만 활이나 화살을 사용하는 방법을 배워 집 근처의 작은 짐승들을 사냥하는 방법을 배우곤 했던 것이다. 그리고 어린아이들이 성장함에 따라서 좀 더 적극적으로 종족을 위해 사냥이나 전쟁에 참가하게 되었다.

스포츠 활동의 구조적 변수들은 생업형태, 사회조직과 정치조직 그리고 지리학적 변수와 생태적 환경에의 적응, 종교와 주술에 대한 확인 등을 들 수 있다. 생업형태는 식량획득의 방법, 생계유지 체제가 생산적이고 자원이 풍부할수록 스포츠제도가 발전되었다. 사회조직과 정치구조에서 대규모 집단사회는 소규모 집단사회보다 더 큰 규모의 스포츠 행사를 하였고, 정치노선에도 반영되었다. 지리학적 변수와 생태적 환경에의 적응은 인구의 규모, 지형의 특징, 식물상과 동물상, 기후, 토지의 이용가능성이 스포츠 활동을 결정하였다. 종교와 주술에 대한 확인은 풍작이나 승리를 기원하는 제례의식이나 신화의 재연과 질서 유지에서 찾을 수 있다.

## 스포츠의 시작 • • •

스포츠가 어떻게 시작되었는가, 그리고 어떻게 형성되었는가에 대한 스포츠기원설은 유희설, 노동설, 제례설 등으로 구분된다. 학자들의 견해에 따라서 다음의 세 가지 이론으로 요약할 수 있다.

첫째, 유희설이다. 호이징가와 로제 카이와의 놀이론은 놀이의 본질에 대한 선구적인 역할을 보여주었다. 즉 호이징가는 그의 저서 《놀이하는 인간》(1938년)을 통하여 역사적인 접근방식으로 놀이의 특징을 경쟁과 모의로 분류하였다. 호이징가는 문화의 발전은 유희성으로부터 비롯된다고 하였다. 로제 카이와는 놀이를 아곤, 아레아, 미미크리, 일링크스로 놀이의 본질을 정립하였다.

파디아(무제한의 자유로움), 루두스(일정의 장해가 되는 규율에 의하여 통제되고 견지되며 비교 가능하고 계량적인 것)를 중심으로 스포츠를 신체적 기술, 전략, 운등의 요소를 포함한 경쟁적인 놀이활동으로 정의하고 유희의 기능으로서 투쟁과 표현으로 확대하였다. 수렵 경쟁시합과 같은 투쟁적인 유희와 제전적이고 미적 표현으로서의 유희로 구분할 수 있다.

둘째, 노동설이다. 엥겔스는 《원숭이가 인간이 됨에 따른 노동의 역할》(1876)의 저서를 통하여 노동의 기술이 개선되면서 잉여시간이 부여되고 노동의 기술이 유희적인 기술로 변화되는 과정에서 스포츠가 시작되었다는 견해를 밝히고 있다. 다시 말해서, 진지한 노동 활동이 즐거움, 흥미, 아름다움, 기쁨이 가미된 운동으로 변화한 것이다. 이러한 관점에서 스포츠는 노동을 위한 신체기술이나 도구조작 등의 훈련과 연습에서 유래된 것이다. 인간은 생산유용성에서 해방되면서 독립된 신체활동으로써의 스포츠를 창조하였으며 특히 사냥은 문화적 유전자로 지속되어왔다고 할 수 있다.

마르크스적 관점에 의하면 유물론적 관점의 스포츠는 동물과 비교되는 인간의 본성으로서 노동에 중점을 두었다. 노동은 자연을 개발하고 자신의 잠재력을 발현시키는 것이며 스포츠도 이러한 기원에서 자연적인 측면을 개발하고 자신의 잠재가능성을 발휘하는 것으로 이해하였다.

셋째, 제례설이다. 부족사회는 초자연적인 인과율을 인정하는 사회이다. 어떠한 행위를 하면 그러한 일들이 현실에서 그대로 이루어진다는 믿음을 가지고 있었다. 그러므로 제의는 신과 만나는 기회이며, 주로 신에 의하여 승부가 결정된다는 믿음을 토대로 스포츠를 행하였다. 부족의 안녕과 번영을 위한 공동체적 노력의 일환으로 제사 중에 바치는 시합과 경연 활동들이 대부분의 의례가 되었다. 의례는 문화의 일 측면이며 본질적으로 별로 기술적이 아닌 사회적 활동으로서의 상징적 차원이었다.

여가로서의 스포츠 경기는 의례의 특수화된 현상으로 규정된 순서를 바르게 행동으로 옮기는 것에 경쟁이 강조되어 일반적인 합의를 이루고 있다. 이러한 예는, 현대스포츠의 제례성이나 이벤트로서의 스포츠, 미식축구 그리고 알베르트 까뮈의 권투에 관한 수필에서 찾아 볼 수 있다.

종교적 스포츠의 종류는 주술로서의 스포츠를 들 수 있는데 초자연적인 믿음에 의하여 스포츠를 장려하거나 금지하였다. 점으로서의 스포츠는, 스포츠의 성패는 밴드집단의 우열판단기능을 하였다. 신화로서의 스포츠의 예들 들면 중국, 광서성 마오족의 줄다리기는 부족의 번영과 풍작과 관련이 있다는 믿음이 있다. 북미 인디언족의 공놀이는 반족대항의 신화를 재현하고 사람들에게 질서를 재확인하는 기능을 하였다. 또한 선수와 스포츠의 경우 부족의 대표선수는 부족의 영웅으로서 종교적 통제하에 훈련을 받고 신성한 사람으로 준비를 마친 뒤 경기에 임하게 하였다. 북미 인디언 첼로키 족의 라크로스 게임은 종교적인 스포츠의 대표적인 예라고 할 수 있다.

라크로스 게임의 감독은 부족의 무당이며 다른 부족과의 시합이 결정되면 수주일 전부터 선수들은 무당의 지도하에 훈련을 시작한다. 이것은 경기훈련과 주술적 훈련으로 나누는 것인데 음식물을 제한하고 여자와의 접촉을 금하고 훈련 중에는 물 주변에서 신비적 시술을 행하고 시합 전날은 일몰부터 다음날 일출까지 춤을 추고 선수들은 금식을 한다.

여기서 특이할 만한 것은 승패의 원인을 선수의 체력이나 기술로 보는 것이 아니라 부족의 무당과 종교적 힘의 싸움으로 분석한다는 것이다. 또한 패할 경우 자기 팀 누군가가 금기를 지키지 않았다고 생각하였다. 즉, 이들에게 스포츠는 초자연적인 종교를 중심으로 이루어진 사회제도를 오래 존속시키기 위한 기반적인 역할을 하였다. 이러한 종교적 특성은 고대올림픽에도 반영 되었다. 현재에 와서는 인류의 화합을 위한 신성한 축제로서의 의미로 전환되었다.

## 역사로 읽는 원시 스포츠 • • •

선사시대 사람들은 어떤 경기를 했을까? 이런 호기심이 우리에게 있지만 선사시대의 스포츠에 관한 사실은 별로 알려진 것이 없다. 오늘날 장난감과 비슷한 몇 점의 인형이 발굴되기는 하였지만 이것만을 가지고 선사시대의 스포츠를 말할 수는 없다. 하지만 현재 문명가운데 선사시대의 문명을 유지하고 생활을 하고 있는 오지의 부족들의 삶에서 선사시대의 스포츠를 유추할 수 있다. 특히 오늘날의 문명 가운데서 아메리카 인디언이나 아프리카의 부시맨들, 오스트레일리아의 원주민들의 삶에서 선사시대의 어린아이들이 어른들을 모방함으로써 여러 가지 신체활동을 익혀왔음을 알 수 있다.

어머니들은 자신의 딸들에게 집안일 하는 방법을 가르쳤다. 아버지들은 아들들에게 활 쏘는 기술과 막대기나 창을 던지는 기술, 들짐승들을 추적하는 기술, 무기를 만들고 고기를 잡고 배를 젓는 방법을 가르쳤다. 전쟁놀이는 청년들에게 꼭 필요한 교육과정의 하나였다. 이들에게 있어 스포츠는 하나의 생존을 위한 생존기법이였다. 동물을 사냥하고 물고기를 잡는 기술은 여가행위로서의 스포츠를 넘어서는 생존차원으로 해석해야 한다. 단지 생존을 위한 기술의 습득이 다른 무엇보다도 이들에게 필요했기 때문이다.

왜냐하면 이들 청소년들은 일찍부터 무기를 사용하여 전쟁에서 피를 흘리며 싸우는 데 익숙하도록 할 필요가 있었다. 일상의 노동과 수영, 달리기, 레슬링, 그리고 산에 오르는 훈련 등이 청소년들의 신체단련에 절대적으로 필요하였다. 성인의식에서 남자청소년들은 육체의 단련의 정도뿐만 아니라 육체적 용기, 힘과 끈기, 인내력 때로는 불의나 의식적 무용들의 시련 등에 나타나는 인내심도 시험을 받았다. 특히, 우리주변에서 볼 수 있는 번지점프는 성인식의 일종으로 행해진 것이다. 번지점프는 담력시범을 통하여 부족을 책임지고 이끌 수 있는 부족의 용사를 키우기 위한 시금석이었다.

선사시대의 스포츠 유형은 구기형태의 스포츠를 들 수 있다. 북미 인디언 체로키족의 신화를 보면 공을 태양이나 달 등의 천체와 동일시하는 의식을 가지고 공놀이를 했음을 알 수 있다. 육상경기 형태의 스포츠는 생존이 요구되는 달리기, 뛰기, 던지기 등이다. 투기 형태의 스포츠는 권투 형태와 씨름 형태로 나눌 수 있다. 씨름이 권투보다 먼저 이루어진 것을 알 수 있다. 수상이나 설상, 그리고 공중의 스포츠는 파도타기, 스키, 스케이트, 다이빙 등이 있다.

물론 선사시대 인간들은 뚜렷한 목적 없이 순수한 놀이만을 목적으로 한 적도 있었다. 그러나 의식에서의 모든 육체적 힘의 과시는 엄격하고 섬세한 규칙에 따라서 행해졌던 것이다. 거기에는 규칙과 함께 금기사항도 많았다. 의식에서 행했던 여러 구기 경기들은 출산과 관계가 있었다. 그 중의 어떤 것들은 전쟁을 극화한 것이었다. 여러 활동의 결과를 놓고 우열과 내기 놀이를 한 것도 그 당시 유행했던 것인데 고대에서부터 물려받은 것으로서 점술의 일종이었다.

스포츠가 인류의 역사와 함께 시작되었다는 사실은 인간과 동물의 운동 형태학적 연구와 문화인류학연구의 성과로부터 밝혀지고 있다. 특히 인간은 직립보행과 도구의 사용을 시작한 시기부터 신체운동은 변화했다. 선사시대의 스포츠는 집단적, 지역적 생활을 중시했고 집단의 성원으로서 사회참여를 강화하는 수단, 즉 의식과 제식으로 이행되었다. 미개민족에서 확인되는 여러 가지 의식은 스포츠 문화사 연구에 흥미와 많은 문제를 보여주고 있다. 또한 스포츠는 놀이로서 행해졌다고 볼 수 있다.

현대 사람들이 예상하는 것보다 더 많은 여가시간을 가지고 있었던 원시사회에서는 스포츠가 실용적 목적을 떠나 운동 그 자체를 목적으로 하는 위락으로 발전했다. 특히 선시시대의 스포츠는 모든 교육적 수단으로서의 요소를 가지고 있었다. 선시시대의 아이들은 자연과 깊은 관계 속에 친척들의 생활을 모방하면서 성장하였다. 그 시대 스포츠의 교육적 측면은 성인을 추앙하는 것으로 볼 수 있다. 그러나 의식은 엄격한 신체의 고통과 단련이 요구되었다.

# 참고문헌

**제1장**


論語

곽낙현, 송일훈(2006). 충무공 이순신의 궁술에 보이는 무의 신체지. 한국체육학회지. 45(6), 45~60.

김경신(1996). 무용교육에 있어서 암묵적 지식의 의미. 청주대학교예술문화연구소. 청예논총 10, 103~122.

김동규(1999). 세계체육사. 경산: 영남대학교 출판부.

김달우, 오정석(1994). 체육적 앎의 자원: 운동수행. 서울대학교 체육연구소논집. 15(1), 73~86.

김방출 역(2006). 스포츠와 체육의 역사 · 철학. 서울: 무지개사.

김성배(2002). 초등체육교육에 있어서 암묵적 지식의 의미. 미간행 석사학위논문. 인천대학교 교육대학원.

김성수 외(2007). 운동과 건강. 서울: 홍경.

김종선, 정청희(1987). 체육원리. 서울: 동화문화사.

김홍식(1994). 스포츠체험의 체육교육적 의미. 미간행 석사학위논문. 서울대학교 대학원.

노희덕(1999). 세계체육사. 서울: 서울대학교 출판부.

송일훈(2004). 한일합기도사와 신체지의 이기론 연구. 한국체육학회지. 11(1), 101-135.

이제홍, 여인성(2006). 서양 스포츠문화사. 서울: 홍경.

이창우, 김재홍, 강상진 역(2006). 니코마코스윤리학. 서울: 이제이북스.

이황규, 송일훈(2005). 일본무도에 보이는 신체지에 관해. 한국체육학회지. 44(5), 99-102.

오정석(1994). 체육적 앎의 연구. 미간행 박사학위논문. 서울대학교 대학원.

유근직(1999). 식민지 체조교육과 한국인의 신체형성에 관한 역사적 고찰. 한국체육학회지. 38(2), 24~34.

유석권(2007). 공부론의 이론적 정체성. 동양고전연구. 제26집, 255~281.
유정애(2003). 체육수업비평. 서울: 무지개사.
정웅근(1994). 체육적 지식 분화의 문제점과 그 통합 가능성. 서울대 체육연구소논집. 15(20), 29~46.
진윤수 외(2005). 스포츠에서의 앎. 한국사회체육학회지. 24, 135~144.
최의창(1997). '체육' 개념의 교육적 재음미. 스포츠과학. 여름호. 한국체육과학연구원. 106~110.
최의창(2006). 체육의 역연금술. 서울: 태근.
최종철 역(1995). 구별짓기: 문화와 취향의 사회학. 서울: 새물결.
표재명 역(2001). 개인적 지식. 서울: 아카넷.
함정혜(1991). 지식 본질에의 접근-철학적 사고-체육. 이화여대 보건체육연구소. 이화체육논집 4, 101~107.
황왕택(1997). 체육 · 스포츠역사. 서울: 태근.
成田十次郎(1988). スホ・ッと教育の歴史. 東京: 不昧堂.
Aspin(1976). Knowing How and Knowing That and Physical Education. Journal of the philosophy of sport. 1.
Bucher Charles A., (1975). Foundations of Physical Education. The C. V. Mosby Company, Saint Louis.
Carolyn E. Thomas(1983). Sport in a Philosophic Context. Philadelphia: Lea & Febiger.
Oakesshott, M. (1991). Rationalism in Politics. London: Metheun.
Polanyi, M.(1959). The study of man. Chicago: University of Chicago. press.
Polanyi, M.(1964). Science, Faith and Society. Chhicago: University of Chicago. press.
Polanyi, M.(1967). The Tacit Dimension. Garden City : Double day.
Polanyi, M., & Prosch, H. (1975). Meaning. Chhicago: University of Chicago. press.
Polanyi, M.(1985). Personal Knowledge. London: Routledge & Kegan Paul.
Herrigel, Eugen(1971). Zen in the Art of Archery. New York: Vintage Book.
Inoue, Seiji(1984). A Phenomenological Approach of the Sport Experience. Dissertation, the Ohio University.
Gim, J. M.(1989). Physical education as artful knowing. Doctoral dissertation, The Ohio State University.

Kenyon, G. G.(1968). A Conceptual Model for Characterizing Physical Activity. Research Quarterly, 39.

Mandell, Richard D.(1984). Sport A Cultural History. New York: Columbia University press.

Sad Ross(1981). The Epistemic Geography of Physical Education: Addressing the Problems of theory and Practice. Quest 33(1).

**제2장**

강신복(1994). 체육학 분야의 전문직. 서울대 체육연구소보. 제30호. 1~4.

강신복, 최의창(1993). 체육교육학문화 운동과 실증주의 교육학의 성립. 서울대 체육연구소논집. 6(1), 50~57.

강준호(2001). 체육학의 미래는 있는가? 서울대 체육연구소보 제44호. 1~7.

김동진 외(2001). 생활체육지도자 양성제도 개선에 관한 연구. 서울대 체육연구소논집, 22(1). 1~12.

김경동(1990). 스포츠와 인간 복지. 국제스포츠과학학술대회. 9~14.

김경숙(2005). 대학에서의 전문체육지도자 교육과 진로모색의 전환을 기대하며. 한국체육학회보. 48~50.

김성국(1988). 체육의 학문성에 관한 소고. 대한체육회 제26회 하계학술발표회.

김성국(1992). 체육의 학적 패러다임에 관한 연구. 미간행 박사학위논문. 성균관대학교 대학원.

김영환(1984). 체육의 학문성에 관한 고찰. 체육철학. 서울: 나남.

김영환(1987). 미래체육의 이념. 사회체육연구. 1(1), 63~72.

김정명(1994). 사회체육학의 개념과 학문적 역할. 한국체육학회 학술발표집. 313~317.

김정명(1997). 체육학의 정체성과 그 방법론에 관한 초방법론적인 고찰. 한국체육학회지. 36(4), 38~56.

김창용(1987). 미래스포츠의 이념정립에 대한 소고. 사회체육연구. 1(1), 149~158.

교육인적자원부(2002). 교육통계연보 2002. 서울: 교육인적자원부.

나영일(2003). 체육에서 스포츠로. 서울대 스포츠과학연구소보. 제48호. 1~6.

박기동(2005). 스포츠 진로탐색. 춘천: 한결.

성영호, 최태훈(1998). 생활체육지도자 양성을 위한 발전방향. 용인대 무도연구지. 9(1), 71~85.

위성식(1992). 사회체육 전공 학생의 진로방향 모색. 체육분야 전공의 진로방향 모색을 위한 국제학술세미나. 한국체육학회.

윤경희(1992). 체육학의 학문적 구조에 관한 연구. 미간행 박사학위논문. 이화여자대학교 대학원.

이정학(2006). 스포츠와 사회복지. 서울: 대한미디어.

정응근(1987). 체육의 학문성과 문제점. 대한체육회 제25회 하계학술발표회.

정응근(1990). 메를로-퐁띠의 인식주체적 신체가 갖는 체육적 의의. 미간행 박사학위논문. 서울대학교 대학원.

진윤수, 조민행, 안진규(2003). 생활체육지도자의 전문성 제고를 위한 소고. 한국사회체육학회지. 제20호, 203~313.

조선일보(2001). 65세 이상 7% 고령화 사회 한국정부는 무대책. 3월 7일자.

하남길(2002). 움직임 예술과학의 이해. 서울: 대한미디어.

홍양자(2005). 체육과학대학의 미래와 전망. 체육과학대학 창립60주년 기념학술세미나. 이화여자대학교. 49~69.

Choi, E. C(1992). Beyond positivist sport pedagogy: developing a mutidimentional, multipadigmatic perspective. Doctoral dissertation at University of Geogia.

Henry, F. M.(1964). Physical Education: academic discipline. Journal of Health, physical education. Quest. 29. 13~29.

Henry, F. M.(1978). Academic disciplin of physical education. Quest. 29. 13~29.

Gim, J. M.(1988). Sport as art: an alternative way of Human understanding. paper presenter at Seoul Olympic Scientific Congress.

Gim, J. M.(1989). Physical education as artful knowing. Doctoral dissertation at The Ohio State University.

**제3장**

김성동(2003). 문화: 열두이야기. 서울: 철학과 현실사.

김은실(2003). 여성의 몸: 몸의 문화 정치학. 서울: 또 하나의 문화.

박기동 역(1994). 스포츠 인류학. 서울: 동문선.
박이문(1996). 문명의 위기와 문화의 전환. 서울: 민음사.
송형석(2001). 스포츠와 인간. 대구: 이문출판사.
레이몬드 윌리암스, 나영균 역(1998). 문화와 사회. 이대출판부.
알피 콘, 성재상 역(1995). 경쟁을 넘어서. 서울: 비봉출판사.
엄정식(2002). 스포츠의 철학과 가치론. 철학과 현실. 여름호. 24~39.
유헌식(2003). 건강제일주의는 건강한가. 철학과 현실. 봄호. 91~100.
이기우 편역(1998). 문화연구. 서울: 한국문화사.
정응근(2002). 월드컵과 운동문화. 철학과 현실. 여름호. 54~66.
정종훈, 김종표, 오성기, 이준희, 정광복, 김유수(1999). 체육원리. 부산: 동아대학교 출판부.
진교훈(1982). 철학적인간학연구(Ⅰ). 서울: 경문사.
최의창(1999). 체육의 역연금술. 서울: 태근 출판.
최의창(2002). 인문적 체육교육. 서울: 무지개사.
한스 요나스, 이진우 역(1994). 책임의 원칙: 기술시대의 생태학적 윤리. 서울: 서광사.
Earle F. Ziegler(1996). Historical Perspective on "Quality of Life": Gene, Memes and Physical Activity. Quest. 48. 253~265.
Frans De Wacher(1985). The Symbolism of the Healthy Body: A Philosophical Analysis of the Sportive Imagery of Health. Jouranl of the philosophy of sport(JSP). 56~62.
John Charles(1979). Technocentric Ideology in physical Education. Quest. 31(2). 277~284.
John Charles(1998). Technology and the Body of knowledge. Quest. 50. 379~388.

### 제4장

김문겸(1993). 여가사회학: 한국의 레저문화. 서울: 한울 출판.
김문환(1994). 문화로 본 현대 일본. 서울: 나남출판.
김사헌(1997). 우리나라 여가문화의 원형 탐구. 한국관광학회. 20(2).
박홍규(1998). 문화제국주의와 한국. 제314회 목요철학세미나. 계명대 철학과.
박홍규(2003). 박홍규의 에드워드 사이드 읽기. 서울: 우물이 있는 집.

박홍규 역(2004). 오리엔탈리즘. 서울: 교보문고.
오순환(2000). 한국전통종교의 여가문화적 특성과 변용에 관한 고찰. 관광학연구. 제24권 통권 제 32호. 117~134.
윤사순(1997). 한국 문화 탐구의 의의. 민족문화연구 제 30호 고려대학교.
윤창운(1996). 한국의 전통적 여가관과 놀이문화. 한국인의 놀이 의식과 여가문화. 여가문화연구회편. 서울: 집문당.
임재해(2003) 민속문화 읽기에 의한 현실인식과 역사인식의 틀 찾기. 제 410회 목요철학 세미나. 계명대학교 철학과.

**제5장**

강만길(1985). 한국근대사. 서울; 창작과 비평사.
강만길(1984). 한국현대사. 서울: 창작과 비평사.
김달우(1922). 해방이후 학교체육의 재편 및 정착과정에 관한 연구. 미간행 박사학위논문. 서울대학교 대학원.
김동구(1995). 미군정기의 교육. 서울: 문음사.
박범용(2001). 미군정기 미국교육론의 도입과 교육정책. 미간행 석사학위논문. 연세대학교 교육대학원.
최경수(1994). 미군정기 한국교육정책에 관한 고찰. 미간행 석사학위논문. 숙명여자대학교 대학원.

**제6장**

강만길(1985). 한국근대사. 서울; 창작과 비평사.
강만길(1984). 한국현대사. 서울: 창작과 비평사.
김인회(1980). 한국에서의 문화 식민주의 교육의 역사와 현실. 문학과 지성. 서울: 문학과 지성사.
곽형기(1989). 근대 학교체육의 전개양상과 체육사적 의미. 미간행 박사학위논문. 서울대학교 대학원.
김달우(1922). 해방이후 학교체육의 재편 및 정착과정에 관한 연구. 미간행 박사학위논문. 서울대학교 대학원.
김용근(1989). 일제하 한국체육사(문화정치기). 미간행 박사학위논문. 한양대학교 대학원.
나현성(1958). 운동경기사. 서울: 보문사.
나현성(1958). 한국스포츠사. 서울: 문천사.
나현성(1963). 한국체육사. 서울: 청운사.
나현성(1970). 한국학교체육제도사. 서울: 도서출판교육원.
나현성(1971). 근대체육의 도입. 한국현대사 6권. 신구문화사.
나현성(1971). 한말학교체육의 발전과정에 대한 연구. 한국체육학회지. 제5호.
나현성(1980). 한국근대체육의 전개. 한국사학3집. 한국정신문화연구원.
나현성(1983). 한국체육사. 서울: 교학연구사.
노율성 · 이철원(1996). 일제시대 체육정책에 관한 연구. 공주대학교 스포츠과학연구소 논문집. 제10호.
손인수(1980). 한국근대교육사. 서울: 연세대학교출판부.
유근직(1998). 식민지체육을 어떻게 볼 것인가. 스포츠의 철학적 이해. 서울: 태근.
유근직(1999). 식민지 체조교육과 한국인의 신체형성에 관한 역사적 고찰. 한국체육학회지. 38(2).
유근직(2001). 한국에서의 체육교과서 변천과정. 체육사학회지. 제7호.
이학래(1985). 한국근대체육사연구. 미간행 박사학위논문. 동국대학교 대학원.
이학래(1990). 한국 근대체육사연구. 서울: 지식산업사.
임영무(1985). 한국체육사신강. 서울: 교학연구사.
전윤숙(1983). 구한말 개화기의 학교체조교육. 미간행 석사학위논문. 연세대학교 대학원.
정삼현(1990). 일제무단통치기의 한국체육사연구. 미간행 박사학위논문. 한양대학교 대학원.
한상준(1998). 식민지체육 연구의 학문사적 검토. 강원대학교부설 체육과학연구소논집. 제22호.
한왕택(1999). 우리나라 개화기에 있어서 체육의 도입과정에 관한 연구. 한국체육학회지. 38(1).
한왕택(2002). 개화기에 있어 병식체조의 성립과정에 관한 연구. 한국체육학회지. 41(2).

한국교육사연구회(1972). 한국교육사. 서울: 교육출판사.

## 제7장

김방출 역(2006). 체육과 스포츠의 역사와 철학. 서울: 무지개사.
김상순(1997). 서양체육사. 서울: 바탕.
노희덕(1999). 세계체육사. 서울: 서울대학교출판부.
한왕택(2007). 체육 · 스포츠사. 서울: 태근.
이제홍, 여인성(2007). 서양스포츠문화사. 서울: 대경
Mandell, Richard D.(1984). Sprort A Cultural History. New York: Columbia University.

## 제8장

곽형기(1989). 근대한국체육의 전개양상과 체육사적 의미. 미간행 박사학위논문. 서울대학교 대학원.
김경일(2003). 한국의 근대와 근대성. 서울: 백산서당.
김상률, 오길영(2006). 에드워드 사이드 다시 읽기. 서울:책세상
강명구(1986). 문화종속현상으로서의 대중문화. 사상과 정책. 가을호.
강현두(1973). 한국의 전통과 변천. 서울: 고려대학교 출판부.
김상환(2002). 스포츠, 근대성 그리고 정치. 철학과 현실. 여름호, 철학문화연구소.
김성곤(2002). 다문화주의와 인문학 교육의 미래. 철학과 현실. 봄호. 철학문화연구소.
김창남(1998). 대중문화의 이해. 서울: 한울 아카데미.
노명우(2005). 계몽의 변증법. 서울: 살림.
레이피버, W. 지음, 이정엽 역(2001). 마이클 조던, 나이키, 지구자본주의. 서울: 문학과지성사.
문옥표(1995). 전통의 생산과 소비. 한국인의 여가와 소비생활. 성남: 한국정신문화연구원
박노자(2005). 우승열패의 신화. 서울: 한겨레신문사.
박남환, 송형석 역(2004). 문화로서의 스포츠. 서울: 도서출판 무지개.
박현우, 김부찬(2005). 스포츠의 인문학적 탐색. 전남대학교 출판부.

박홍규(2003). 박홍규의 에드워드 사이드 읽기. 서울: 우물이 있는 집.
오정석(1997). 근대스포츠의 수용과 전통스포츠의 근대화 양상에 관한 연구. 체육사학회지. 2(1), 23~36.
윤택림(2003). 한국학 연구방법의 모색: 문화기술지적방법을 중심으로. 정신문화연구. 봄호. 26(1).
에드워드 사이드, 박홍규 역(1999). 오리엔탈리즘. 서울: 교보문고.
에드워드 사이드, 박홍규 역(2005). 문화와 제국주의. 서울: 문예출판사.
신일철(1990). 프랑크푸르트 학파. 서울: 청담문화사.
우실하(1998). 전통문화의 구성원리. 서울: 소나무.
우실하(1997). 오리엔탈리즘의 해체와 우리문화 바로 읽기. 서울: 소나무.
이병관(2004). 체육수업모형의 운동종목별 적용가능성 탐색. 한국스포츠리서치, 15(2), 891~901.
이옥순(2004). 우리 안의 오리엔탈리즘. 서울: 푸른 역사.
이정학(2005). 체육과 스포츠의 철학적 탐구. 서울: 대한미디어.
이정학(2004). 2004 아테네 올림픽 스포츠 의류 기업의 스포츠마케팅. 섬유기술과 산업. 8(3), 294~298.
이종원(2002). 제5공화국의 스포츠 정책 연구. 미간행박사학위논문. 서울대학교 대학원.
이진숙(1991). 제3세계의 문화제국주의 현상에 관한 일 연구. 미간행 석사학위논문. 전북대학교 대학원.
이학래(2003). 한국체육사연구. 서울: 국학자료원.
임희섭(1994). 한국사회변동과 가치관. 서울: 나남.
장경섭(1998). 압축적 근대성과 복합위험사회. 한국비교사회학회 하계학술대회.
장석정(2003). 미국 뒤집어보기. 서울: 살림.
정진농(2003). 오리엔탈리즘의 역사. 서울: 살림.
조현범(2003). '일요일의 종교사', 종교연구.32(가을).
크리스 로젝, 최석호, 이진형 역(2002). 포스트 모더니즘과 여가. 서울: 일신사.
한국역사연구회(1998). 우리는 지난 100년 동안 어떻게 살았을까?. 서울: 역사비평사.
하웅용(2002). 근 · 현대 한국체육문화 변천사. 체육사학회지. 9, 40~54.
한국사회언론연구회(1990). 현대사회의 매스커뮤니케이션. 서울: 한울 아카데미.

호르크 하이머, 아도르노, 김유동 외 역(1996). 계몽의 변증법. 서울: 문예출판사.
호르크 하이머, 조창섭 역(1983). 철학의 사회적 기능. 서울: 전예원.
홉스보옴 랑거 편, 최경석 역(1995). 전통의 날조와 창조. 서울: 서경사.
Andrew Eungi Kim(2005). Changes in the Perception of Work in the Korea from the Late Nineteenth Century to the Late 1970s, The Review of Korean Studies. The Academy of Korean Studies. 131~154.
Bae(1986). Economic Growth and Management Ideology in Korea. Korean Sociology. 20. 99~116.
Kim Uchang(1986). The Ideology of Modernization and Pursuit of Happiness, Korea Journal 26(9). 41~48.
Ok Gwang(2005). Nationalism, Imperialism and Colonialism: Modern Sporting Culture in Korea, 1920~1937. Philosophy of Movement: Journal of Korean Philosophic Society for Sport and Dance. 13(3). 19~41.
Suh, Sangchul(1978). Growth and Structural Change in the Korean Economy, 1910~1940. Cambridge, Mass,: Harvard University.

**제11장**

고동영(1995). 한국상고체육사. 서울: 한뿌리.
김재규(1985). 고대 희랍의 제전과 체육에 관한 연구. 단국대학교 논문집. 19.
김현덕(1993). 신체활동이 고대 그리스문화에 미친 영향. 국민대학교 스포츠과학논총. 11.
김현덕(1998). 스포츠가 고대 그리스의 문화에 미친 영향. 미간행 박사학위논문. 단국대학교 대학원.
김현덕, 오영도(1994). 고대 국가의 스포츠와 문화적 특성. 국민대학교 스포츠과학논총. 12.
박준기 역(1982). 고대체육사: 고대그리스와 로마시대의 경기. 서울: 동호서관.
신은섭 역(1981). 고대 올림픽의 역사. 서울: 아세아 출판사.
심우성 역(1991). 아시아 무용의 인류학. 서울: 동문선.
양선희(1991). 무용의 역사: 무용의 기원서부터 중세기까지. 서울: 동문선.

이래화(1985). Greece 체육사상사 연구. 서울: 형설출판사.

이석우 역(1985). 서양고대사. 서울: 탐구당.

이윤기 역(1992). 그리스와 로마의 신화. 서울: 대원사.

정성호 역(1988). 고대 올림픽을 찾아서. 서울: 행림출판사.

최광식(1994). 고대한국의 국가와 제사. 서울: 한길사.

최충환(1992). 소도제전과 고대올림픽 경기의 문화적 유의성. 중앙대학교 스포츠과학연구소논문집. 제5집.

이완희(1967). 고대 서양체육의 특색. 청주교육대학논문집 제2호.

권운택(1985). 고대 로마인의 생활과 체육에 관한 연구. 한국체육대학교 체육연구소논문집. 제2호.

백승철(1973). 고대사회체육의 개관. 건국대학교 문리논총. 2(1).

송병덕(1967). 역사적으로 고찰한 체육의 중요성. 충주대학교논문집. 제1권.

조쟁규(2000). Homeros 시대의 체육스포츠사상연구. 한국체육학회지. 39(2).

정기호, 문제민(2001). 화랑체육에서 유희의 역할과 의미. 한국체육학회지. 40(1).

김상겸, 하웅용(1998). 고대그리스 로마시대에 있어서 체육활동에 미친 정치적 영향. 한국사회체육학회지. 9(1).

나현성(1967). 한국체육의 사적고찰(고대편). 서울대 교육대학논문집. 제4호.

채한승(1987). 고대 Greece 체육사상에 관한 고찰. 서원대학교논문집. 제20권.

하웅용(2004). 고대 그리스세계의 여성체육. 한국체육학회지. 43(3).

강동항(1987). 고대 Greece사회의 교육사상과 체육에 대한 고찰. 경희대논문집. 제16권.

김재규(1985). 고대희랍의 제전과 체육에 관한 연구. 단국대학교논문집. 제19호.

김재규(1986). 고대 로마의 체육에 관한 고찰. 단국대학교논문집. 제20호.

전세일(1998). 한국고대 체육사 인식의 형성요인과 문제점. 체육사학회지. 3(1).

전세일(1999). 한국고대 체육사 기술과 시대구분. 체육사학회지. 2(1).

한왕택(1995). 스포츠교육의 역사.서울: 태근문화사.

**제12장**

유권재(1997). 원시스포츠의 발달과정에 관한 연구. 미간행 박사학위논문. 중앙대학교 대학원.

유권재, 최영덕(1996). 원시스포츠의 발달과정에 관한 연구: 의례와 제전의 개념적 접근. 제34회 한국체육학회 학술발표회논문집.
이행원(1988). 원시사회 체육에 관한 고찰. 인천전문대 스포츠과학연구소논집. 제9집.
최영덕, 유권재(1995). 선사시대 인류의 신체활동과 그 의미. 중앙대학교 스포츠과학연구소논집. 제8집.
함정혜(1996). 놀이의 기원에 관한 연구. 움직임의 철학: 한국체육철학회지. 4(1).
한왕택(1995). 스포츠교육의 역사.서울: 태근문화사.

**원문 출처**

제1장 이학준(2007). 역사로 읽는 신체지, 한국체육학회지, 46(6)
제2장 이학준(2007). 체육의 현재와 미래의 체육, 한국체육학회지, 46(1)
제3장 함정혜, 김영선(2004). 현대 운동 문화의 신화와 비판, 한국체육학회지, 43(3)
제4장 김영선, 장성수(2004). 여가 스포츠문화의 반성적 과제, 한국체육철학회지 12(2)
제6장 권욱동, 이학준(2006). 식민지체육의 한계와 대안, 한국체육철학회지 14(1)
제7장 이학준(2007) 친일체육인과 역사청산, 그리고 비판적 시선, 한국체육사학회보, 제13호
제8장 김영선(2007). 한국운동문화 속의 오리엔탈리즘: 사회비판이론적접근. 한국체옥학회지. 46(4)

# 찾아보기

# 역사로 읽는 스포츠

지은이 • **이학준 · 김영선**

펴낸이 • **조승식**

펴낸곳 • (주)도서출판 **북스힐**

등록 • 제 22-457호

주소 • 142-877 서울시 강북구 라일락길 36

E-mail • bookswin@unitel.co.kr

www. bookshill.com

전화 • 02-994-0071(代)

팩스 • 02-994-0073

2008년 3월 1일 1판 1쇄 인쇄

2008년 3월 5일 1판 1쇄 발행

값 12,000원

ISBN 978-89-5526-446-3